"十四五"职业教育国家规划教材

新世纪职业教育应用型人才培养培训创新教材

# 礼仪规范与训练

王梦璐 张世婧 主编

清华大学出版社
北 京

## 内 容 简 介

本书从礼仪在社会实践中的应用出发，用清晰简明的图文对礼仪知识点进行了阐述，内容涵盖面广，实际操作性强。结合当前用人单位的要求，本书将校园、职场、生活中常用的礼仪进行梳理，通过相关章节的设计，规范学生的行为举止、交往仪态、个人仪表，并向读者提供了自主训练的方式与方法。

本书内容通俗简明，紧密联系实际，可供大中专院校的学生学习，也可作为职场人士的礼仪自学教材。

本书封面贴有清华大学出版社防伪标签，无标签者不得销售。
版权所有，侵权必究。举报：010-62782989，beiqinquan@tup.tsinghua.edu.cn。

图书在版编目（CIP）数据

礼仪规范与训练/王梦璐，张世婧主编. —北京：清华大学出版社，2019（2024.1重印）
（新世纪职业教育应用型人才培养培训创新教材）
ISBN 978-7-302-53559-1

Ⅰ.①礼… Ⅱ.①王… ②张… Ⅲ.①礼仪—高等学校—教材 Ⅳ.①K891.26

中国版本图书馆CIP数据核字（2019）第171767号

责任编辑：杜 晓
封面设计：刘艳芝
责任校对：赵琳爽
责任印制：杨 艳

出版发行：清华大学出版社
网　　址：https://www.tup.com.cn, https://www.wqxuetang.com
地　　址：北京清华大学学研大厦A座　　　　　　　　邮　编：100084
社 总 机：010-83470000　　　　　　　　　　　　　　邮　购：010-62786544
投稿与读者服务：010-62776969, c-service@tup.tsinghua.edu.cn
质量反馈：010-62772015, zhiliang@tup.tsinghua.edu.cn

印 装 者：三河市人民印务有限公司
经　　销：全国新华书店
开　　本：185mm×260mm　　　　　　　印 张：9.25　　　　字　数：193千字
版　　次：2019年8月第1版　　　　　　　　　　　　　　印　次：2024年1月第5次印刷
定　　价：49.00元

产品编号：083891-02

# 前　言

《荀子·修身》有云："人无礼则不生，事无礼则不成，国家无礼则不宁。"礼仪作为一种交际规则，越来越受到教育界的重视，保持良好的礼仪已经成为21世纪优秀人才必不可少的重要素质。在现代社会中，礼仪几乎成为社会活动成败的一个关键因素，已经成为与每个人息息相关的一个词语。党的二十大报告指出：提高全社会文明程度，实施公民道德建设工程，弘扬中华传统美德，加强家庭家教家风建设，推动明大德、守公德、严私德，提高人民道德水准和文明素养，在全社会弘扬劳动精神、奋斗精神、奉献精神、创造精神、勤俭节约精神。因此，各类学校相继开设礼仪课程，礼仪培训也在社会中悄然兴起。职业院校的学生毕业即进入职场，面对现代社会呈现的多元化和市场对人才的多种需求，礼仪知识的综合运用势在必行。如何提高学生的职场形象，如何提高学生的社会交往能力，是我们迫切需要解决的问题。

本书从职业院校学生的实际情况出发，结合职场需求，顺应新时代发展对高素质人才的需要，针对我国目前中等职业教育中礼仪教学的现状，组织编写的礼仪教材。本书旨在树立学生的礼仪观念，普及礼仪知识，传播礼仪文化。通过对本书的学习和训练，使礼仪知识转变成为学习、工作、生活的行为准则，从而强化学生的礼仪意识，规范学生的言谈举止，使学生在进入工作岗位时知礼明仪，展现出良好的职业风采。

本书由王梦璐、张世婧担任主编，书中图片、视频由孙磊老师拍摄。编者在编写过程中收集了大量的书籍资料，查阅了相关的历史书籍，参考了中国传统礼仪文化的相关著作，为本书的编写奠定了理论基础。编者总结了多年来教学的经验，结合对用人单位的调研情况，实时地获取企业对员工的礼仪素养需求，针对职场新人在礼仪运用方面的欠缺，具体详细地设计了本书内容。本书还借鉴了众多前人的资料和研究成果，在此对原作者表示由衷的感谢。

# 目　录

## 项目一　礼仪引论

任务一　礼仪概述 ································· 2
任务二　礼仪规范 ································· 6

## 项目二　举止礼仪

任务一　站姿 ····································· 11
任务二　坐姿 ····································· 15
任务三　行姿 ····································· 20
任务四　蹲姿 ····································· 24
任务五　表情礼仪 ································· 25

## 项目三　交往礼仪

任务一　介绍和称呼 ······························· 30
任务二　致意方式 ································· 33
任务三　常用手势 ································· 37
任务四　递交物品 ································· 41

## 项目四　形象礼仪

任务一　职业化妆 ································· 48
任务二　发型 ····································· 52
任务三　着装礼仪 ································· 55
任务四　饰品礼仪 ································· 63

## 项目五　校园礼仪

任务一　学生日常礼仪 …………………………………………………… 70
任务二　集会礼仪 ………………………………………………………… 72

## 项目六　职场礼仪

任务一　面试礼仪 ………………………………………………………… 76
任务二　办公室交往礼仪 ………………………………………………… 80
任务三　电话礼仪 ………………………………………………………… 83
任务四　言语沟通 ………………………………………………………… 87

## 项目七　餐饮文化

任务一　中餐礼仪 ………………………………………………………… 92
任务二　西餐礼仪 ………………………………………………………… 96
任务三　茶艺 ……………………………………………………………… 99
任务四　咖啡文化 ………………………………………………………… 103

## 项目八　中外风俗习惯

任务一　中国古代礼仪 …………………………………………………… 108
任务二　涉外礼仪 ………………………………………………………… 112
任务三　外国的习俗礼仪 ………………………………………………… 114

## 项目九　形体基础训练内容

任务一　关节训练 ………………………………………………………… 123
任务二　腿部力量和柔韧训练 …………………………………………… 126
任务三　扶把基本动作训练 ……………………………………………… 131
参考文献 …………………………………………………………………… 142

# 项目一 礼仪引论

## 学习目标

1. 认识礼仪。
2. 了解礼仪的重要地位。
3. 掌握礼仪的概念、特征、作用和原则。

## 案例引入

北京某公司招聘了21名大学生。但在随后不到4个月的时间里，该公司陆续开除了其中的20名本科生，仅仅留下1名大专生。据该公司反映，这些大学生被开除的主要原因是他们的自身素质和道德修养不能胜任公司的人才需求。

公司直接指向的，正是当下一些大学生所欠缺的方面——个人修养。表面上看这是细枝末节，但恰恰又是做人的基本素养。比如，两名计算机高材生因粗心遗失了价值3万多元的设备受到批评，却还振振有词，并以"学生犯错是常事"为自己开脱责任。这是缺乏承担责任意识的表现。而一位女生被开除，是因为喜欢睡懒觉，上班经常迟到，并且在上班时间上网聊天，经多次警告仍置若罔闻。又比如，一位男生在与客户共进工作餐时，夸夸其谈，大声喧哗，不但使公司领导无法与客户交谈，而且席间还把痰吐在客户脚边，吓得客户跳了起来，但该男生却不以为意，继续吃饭。这位男生不懂基本礼貌，行为粗俗，令人生厌，炒之实不足惜。只图自己享受、缺乏团队精神者，恐怕是企业管理者最不能容忍的了。一些大学生恰恰如此。一次，公司老总带领公司员工到外地搞促销活动，在海边租了一套别墅，由于客房不够，很多老员工甚至老总都只能睡在过道上。而新来的大学生却迅速给自己选定好房间，然后锁上房门独自看电视，对长辈睡在地上竟都视而不见。这些行为所表现出来的是十足的自私自利，享受在前，吃苦在后，遑论团结打拼的创业精神。应当说，这些都是细小之事，但细微之处见其精神。

总之，虽然一些学生知识水平不断上升，但其个人修养却未见同步提升，相反放松了对自身修养和行为的约束。这些故事警示着人们特别是年轻人，个人道德修养关乎人的立身之本，不可小觑。良好修养不仅是一个人的立身之本，而且还是现代社会职场竞争中不可或缺的"软实力"。

**知识梳理**

# 任务一 礼仪概述

## 一、礼仪的含义

礼的本意是敬神和用来表示敬神而举行的各种仪式。《说文解字》中对礼的解释是："礼，履也，所以事神致福也。"后来，礼成为维护封建统治的基本制度和规范。仪指的是礼的仪式、仪节。仪是由礼而生，又要合乎礼的规范。

现在我们说的礼仪，指的是人们在相互交往的过程中，关于对他人态度的外在表现的行为规范的总和，它是在长期的社会生活中，在风俗习惯基础上形成的人们共同遵守的品行、程序、方式、风度等。

礼仪规范表现在礼貌、礼节、仪式、仪表等方面。

礼貌指的是人们之间相互交往时，表现尊敬和友好的言谈和行为。它是以尊重他人和不损害他人利益为前提的，体现了人们的道德水平、文化层次、文明程度等。

礼节指的是人们在日常生活中，特别是在交际场合中，相互表示尊重、祝颂、问候、致意、哀悼、慰问以及给予必要的协助与照料的惯用形式。例如：鞠躬、握手、献花等，是待人接物的惯用形式。

仪式指的是在一定场合举行的具有专门规定的形式和程序的规范活动，如欢迎仪式、签字仪式等。

仪表指的是人的外表，包括容貌、姿态、风度、服饰等内容。仪表属于美的外在因素，反映人的精神状态。一个人的仪表有年龄、职业、场合上的不同要求。

礼仪是由历史形成并具有专门规定的一种行为规范，是人类社会的一种文明行为。礼仪是尊重他人感情的自然流露，是平等互助新型关系的反映，是建设社会主义精神文明的一项基本措施，是带有号召力和感染力的一种教育手段。

## 二、礼仪的特征

### （一）民族性

由于各个民族的文化传统和心理特征各不相同，所以各个民族和地区的礼仪在形式及其代表的意义上都存在着差别。

同一礼仪内容在不同的民族中可以有着不同的表现形式。日本人在相互见面时行鞠躬礼，而鞠躬礼的深度直接与被问候人受尊敬的程度有关；欧美人在相互见面时有行拥抱礼和接吻礼的习惯，而在行礼的方式上则因被问候人的身份不同而有所区别；我国的习惯则是在见面时，人们相互行握手礼，双方的性别、年龄、职位高低等因素决定着由谁主动伸手握手。

同一礼仪形式在不同的民族中也可能代表着不同的意义。比如，在美国家庭中，子女可以直呼父亲的名字，而这一做法在中国则是无礼的表现，是被绝对禁止的；在西方的婚礼上，新娘穿着白色的婚纱，以此象征女性的纯洁，而在东方传统观念中则应穿红色调的服装，白色是被用于葬礼的。可见，由于各民族的礼仪形式与其文化传统、道德观念有着直接的关系，礼仪的民族性特征非常明显。因此，在现代社会生活中，各地区、各民族在礼仪形式方面应相互了解、相互尊重、求同存异、入乡随俗。

### （二）多样性

在人类社会生活中，礼仪与每个人都有联系，涉及人们生产、生活的各个方面。世界各地的礼仪千差万别，几乎没有人能说清楚世界上到底有多少种礼仪形式。从语言的表达礼仪到文字的使用礼仪，从举止礼仪到规范化礼仪，从仪表礼仪到服饰礼仪，从宗教礼仪到风俗礼仪等，在不同的国家、不同的场合，礼仪的表达方式各不相同。例如，在国际交往礼仪中，仅见面礼节就有问候礼、点头礼、握手礼、鞠躬礼、亲吻礼、合十礼（图 1-1-1）、脱帽礼（图 1-1-2）、挥手礼等。

图 1-1-1

图 1-1-2

### （三）共同性

《荀子·修身》中写道："人无礼则不生，事无礼则不成，国家无礼则不宁。"就是说，如果没有公共的道德和礼仪，人们就无法正常生活，社会就会毫无秩序，国家就会不得安宁。礼仪是社会各阶层人士所共同遵守的准则与行为规范。只要人类存在交往活动，人们就需要通过礼仪来表达彼此的情感和尊重。即使是两个根本对立的阶级之间或社会制度之间的社会成员交往，也需要共同遵守礼仪。虽然他们在政治、经济、思想领域是对立的，但他们总是存在某种共同的利益或共同的价值取向和文化背景，这就决定了在任何一个社会中，仍然存在一些全体社会成员都必须共同遵守的礼仪要求，如遵守纪律、尊老爱幼等；否则，社会将无法正常发展。一般来说，社会的文明程度越高，社会全体公民共同遵守的礼仪所占的比重则越大。

### （四）时代性

一个国家、一个民族的礼仪一旦形成，通常会长时间地为后人所沿袭。例如，婚礼作为人生中的大礼，自古以来就受到世人的高度重视，至今也依然如此。当然，与其他事物一样，礼仪的不变性是相对的。礼仪作为一种人际交往的形式，在继承传统的同时，又总是随着社会的进步而进步，随着时代的发展而发展。

例如，封建社会的礼仪反映的是尊卑等级的封建意识，如揖首、顿首、空首等名目繁多的跪拜礼，这种礼仪形式反映的是施礼者和受礼者双方身份地位的不平等。这种上下级之间、长幼之间礼仪的行为，使双方毫无感情交流可言。正因为它有碍于社会公众间的人际交往，有碍于相互之间表示尊敬，所以它已被历史的潮流所淘汰。在社会主义制度下，取而代之的是握手礼、鞠躬礼等这些便于人们交往，同时又能表示人们之间相互尊敬的新的礼仪形式。经过千百年的传承演变，一些礼仪形式已发生了很大的变化。例如，今天人们在款待宾客、举行庆典活动时，以右为上，而在秦汉之前是以左为上；又如，现在人们见面、互相致意时，以脱帽为敬，而古代则是以戴冠为敬。由于礼仪具有时代性的特征，所以人们在社会生活中就不要墨守成规，落后于时代的发展。

## 三、礼仪的作用

### （一）礼仪可提高人际交往的能力

在日常工作、交往生活中，人与人之间要进行交流，以礼仪来表达彼此之间的尊重、友好、敬佩与善意，增强相互间的了解和信任，以达到和谐、完美的人际关系。

### （二）礼仪是人际交往的钥匙

《礼记》中有这样一句话："入境而问禁，入国而问俗，入门而问讳。"在不同的场合与不同的对象交往，需要不同的礼仪形式。例如，美国前总统尼克松在访问中国之前就曾专门学习筷子的用法。人际交往本身也离不开礼仪。人们在交往过程中，不可避免地会产生各种矛盾，而要化解矛盾、协调人际关系，其中很重要的一点就是运用礼仪形式，以消除人际交往中的各种障碍。

## 项目一　礼仪引论

### （三）礼仪可以塑造良好的形象

在人际交往活动中，一个人的言谈举止会作为一种潜在的信息传递给对方，良好的礼仪表现可以树立成功的交往形象。

## 四、礼仪的原则

### （一）尊重原则

尊重原则是礼仪的基本原则。在人际交往中，必须尊重他人的人格，尊重他人的劳动，尊重他人的爱好和情感。

在与人交往的过程中，自己首先要尊重对方，只有这样，才能得到对方的真诚回报。中国台湾学者柏杨在他的《三句话》一文中写到他在美国的有关弹簧门的经历。他说，他在台湾时，经过弹簧门都是一推而过，然后撒手不管。到美国后，他也如法炮制。有一次他一撒手，门向后猛弹，结果他身后的一位美国人被撞倒并发出了一声大叫，急得他和朋友"几乎跪下求饶"，幸好，对方没有追究。后来他发现，美国人经过弹簧门之后，总要停步扶门，一直等到后面的客人鱼贯而入，或有人半途接力，再缓缓放手。自此以后，他也这样照做，因而不断听到后进来的人们说"谢谢"。尊重是礼仪的情感基础，人们相互尊重，才能保持和谐的人际关系，塑造良好的社会风气。

### （二）平等原则

与人交往，还应平等相待，正如古人所说："勿以身贵而贱人。"交往者既不应该因为年长、位高而骄傲、自负，也不应该因为年轻、位低而自卑、自惭。

1954年，周恩来总理应邀访问缅甸。当时缅甸总理吴努对如何接待中国总理顾虑重重，既怕在接待上失礼，又怕在谈话时失言而引起麻烦。所以，吴努最初与周总理见面时很拘谨。但在会谈的过程中，他发现周总理和蔼可亲、平易近人，丝毫没有"大国架子"，完全以平等协商的态度交谈，很受感动，于是才把心里话全说出来。同年他应邀回访时，在北京饭店的宴会上坦率地说："中国好比大象，缅甸好比羔羊，大象会不会发怒，无疑会使羔羊常常提心吊胆。"后来，吴努被毛主席接见时说："坦率地讲，我们对大国是很恐惧的。"但随后他又十分欣慰地说："周总理访问缅甸后，大大消除了缅甸人的这种恐惧。"在对外交往过程中，中国政府这种不论大国、小国，一律平等对待的态度给世界上许多国家留下了深刻的印象，也正是这种平等的态度，使中国在世界上赢得了越来越多的友谊。因此，一个人如果希望与他人、与集体能正常往来，必须遵守平等的原则。

### （三）适度原则

人们在与人交往的过程中应该讲究礼仪，但应针对不同的场合、不同的对象掌握好适当的分寸。那种认为在任何情况下都是"礼多人不怪"的看法是片面的。有时过分的举止会引起他人的反感，甚至会被认为是虚伪的表现。如与人交谈时过多的奉承；当受到夸赞时，一味地谦虚，甚至言过其实；在与他人共处时，表现得过于热情，使人陷入难堪境地等。适度的原则就是既要彬彬有礼，又要不卑不亢；既要亲切和蔼，又要不轻浮阿谀、虚情假意。

适度原则是建立在客观评价自己、评价别人的基础之上的。在日常交往中，要正确认识自己的才学、能力、特长和技巧，正确认识别人的品德、态度、动机和情况。在交往中，努力做到"不失足于人，不失色于人，不失口于人"。失足、失色、失口实际上就是指在行为、态度、言论上的不适度。一旦出现错误的言行、态度，应主动表示歉意，为人与人之间和睦相处创造有利的条件。

### （四）自律原则

人们通过强化礼仪教育和礼仪训练，在掌握更多礼仪知识的同时，会逐渐在心目中树立起高尚的道德信念和行为准则。这种信念的形成使人们的良知得到升华，获得一股内在的力量，而礼仪正是靠人们这种自身的信念、内在的力量去维系。周总理青年时代在天津南开中学读书，南开中学教学楼中有一面大镜子，镜子上有一段"镜铭"——"面必净，发必理，衣必整，纽必结，头容正，肩容平，胸容宽，背容直，勿暴勿急，宜静宜庄"。对此，周总理在学生时代乃至以后的革命生涯中，自始至终、持之以恒地自觉执行，他是青年人学习的楷模。我们要自觉地按照时代的要求规范自身的行为，排除社会不良风气的影响，排除自身不良动机的干扰，不断提高自我约束、自我克制的能力，积极地完成从"要我做"到"我要做"的转变，最终使自己的思想境界达到较高的水平。

礼仪规范是在长期的社会生活中，在人们的风俗习惯基础上逐渐形成的，它反映的是人们共同的利益要求。这就要求每一个社会成员都要自觉遵照执行，一旦违背礼仪规范，将受到社会舆论的谴责。

## 任务二　礼仪规范

### 一、学生个人礼仪规范

#### （一）仪容仪表

仪容，通常是指人的外观、外貌。在人际交往中，每个人的仪容都会引起交往对象的特别关注，并将影响到对方对自己的整体评价。

作为一名学生，仪容仪表的要求是整洁大方。在日常学习生活中，要注意个人卫生，保持面部、手部、口腔的清洁卫生。不化浓妆、不染指甲，保持整洁干净的个人形象。

### （二）服饰礼仪

学生在校期间应该穿着全套校服，并且将校服的拉锁和扣子全部系好，不可敞怀，不可将校服裤腿上卷。对于职业学校的学生，在校期间也可穿着相关专业的工作制服，工作制服的穿着也要遵循扣子全部扣好、配饰佩戴齐全的原则。应保持衣服的整洁干净，体现出学生的风范。

### （三）发饰礼仪

头发要干净不油腻，不得染发，不留怪异发型，不可过长或过短。一般来说，男生的头发长度在1~7厘米，前发不遮眉，侧发不掩耳，后发不及领。女生短发不过肩，长发要束起，不佩戴过于花哨的发饰。

## 二、职业学校学生的基本素质

### （一）政治思想素质

政治思想素质是指一个人的政治观、世界观、人生观和价值观。通过正面教育，提高学生的政治辨别力和敏锐性。学校对学生要进行爱国主义教育，使学生懂得关心国家的前途和民族的振兴，增强他们的社会责任感。学生还要具备良好的社会公德和公民意识，符合社会文明准则的行为习惯。这些素质使学生能够自重、自爱、自强、自立，成为对社会有益的人。职业学校学生应该具备爱祖国、爱人民、爱劳动、爱科学、爱社会主义的道德品质，树立社会主义核心价值观，自觉遵守社会公德、职业道德、家庭美德的规范、准则。

### （二）科学文化素质

科学文化素质是国民素质的重要组成部分。社会主义市场经济要求职业学校学生具有合理的知识结构，掌握自然科学、社会科学方面的基本知识，在学习和掌握各类知识的同时应该注重自身实践水平的培养，把科学知识和实践相结合。在实践中把知识融会贯通，找出自己的不足和差距。这要求学生有正确的学习动机和强烈的学习兴趣，掌握科学的学习方法，形成良好的学习习惯。还要求学生有稳定的注意力、细致全面的观察力、巩固持久的记忆力、丰富与立体的想象力所构成的基本学习品质结构。当学生走出校门时才能充满自信，从容面对社会主义市场经济的发展和变化，跟上时代的步伐，引领潮流。

### （三）身心素质

心理素质在人才素质中是唯一具有能动性的因素，它作为一种精神载体，在社会文化素质的形成过程中起着中介和基础的作用。不论知识的获取，还是品德的形成，无一不以认知情感等基本的心理过程和性格等个性心理特征为基础。学生应具备良好的心理品质、健康的人格和个性，能自我调节心理情绪，对生活中的成功、挫折具有较强的心理适应能力和心理承受能力。

从个体心理品质角度看，心理素质主要包括气质、性格、意志等几个方面。职业学校学生应具备的心理素质主要体现为：敢于决断的气质，即遇事要坚决地处置，积极面对，不能回避问题；竞争开放的性格，即要有开放的心态，宽阔的胸襟；坚忍不拔的意志，即要具备不怕挫折与失败、百折不挠的毅力。

另外，健康的体魄也是适应日趋激烈的社会竞争的必备条件。只有具有健壮的身体，才能抵抗疾病，担当繁重的工作，经受各种艰苦环境的考验。所以学生应该珍惜生命，热爱运动，掌握基本健康知识，养成良好的生活习惯，保持良好的体能和健康的体质，以适应快节奏的现代社会。

### （四）能力素质

能力是知识的发挥和运用。知识的积累并不等同于能力的增长，要将学到的知识转化成能力，需要付出巨大的努力。所以要求同学们在完成学习任务的前提下，培养自己具备社会需要的实际应用能力。其中包括创新能力、应变能力、动手能力、交际能力、表达能力等。

### （五）职业素质

职业素质主要包括三个方面的内容：业务技能、职业道德、敬业精神。

业务技能是构成职业素质的首要因素。它是指人们从事一定工作要求具备的技术能力的综合。这种能力一般是来自受教育的程度、工作经验和就业后的各种专业技能的训练。业务技能的高低是一个人实现自我价值和为社会做出贡献的最基本的条件。要具备岗位相应的职业技能，要求从业者自觉地、持之以恒地钻研本职业务，并不断地学习新技术、新技能，不断地学习新的科学知识。

职业道德是衡量一个人工作态度的职业规范。各行各业以条文为基础的规章制度对每个人的限制是有限的，不足以适应不断提升的职业化需求，所以各行各业不得不将职业道德作为完善职业功能的重要规则。它要求就业者必须信守对所从事工作的承诺，保守商业机密。一个不遵守职业道德或不完全信守职业承诺的人，无论其职业技能有多高都不能成为具有素质的职业人。

敬业精神表现为优秀的从业者在不计较报酬的前提下自觉自愿地付出个人的智慧和超越承诺劳动的行为。具有敬业精神的人往往不仅仅为了获得报酬而付出劳动，他们更注重的是成就感、事业心的满足和在工作中追寻生命价值的体验和生活的乐趣。没有一定程度的业务技能和不受职业道德规范约束的人是不能达到这种境界的。

## 三、礼仪的学习方法和途径

### （一）理论学习

通过专业书籍、广播电视、网络等途径系统全面地学习礼仪基础知识、基本理论和基本技能。除此之外，多阅读中国古典著作，也可以增加个人礼仪知识。比如《弟子规》中就有对仪容仪表的要求，"冠必正，纽必结。袜与履，俱紧切"说的就是对衣着的要求，穿戴仪容整洁，扣好衣服纽扣，袜子穿平整，鞋带应系紧。假如仪容仪表很随便、散漫，给别人的第一印象就会不好，甚至于会让别人对我们很轻慢，所以我们首先要自重，而后别人才会尊重我们。

### （二）社会实践

实践是最好的老师，我们要将书本上的知识及时在学习生活中运用，在不知不觉中，我们会发现自己行为习惯的改变，个人素质的提升，这样会使我们更有学习的动力。

### （三）专业培训

我们可以向老师、培训专家、礼仪顾问学习，当然也可以向那些有经验、有所长的人学习。在学习的过程中，循序渐进，取长补短，不断进步。

**拓展训练**

1. 观察身边的人，哪些做法和行为是符合礼仪规范的？
2. 结合实际，想一想学习礼仪能为我们的生活带来哪些改变。

**素养提升**

### 孟子休妻

战国时期的思想家、政治家和教育家孟子是继孔子之后儒家学派的主要代表人物，被后世尊奉为仅次于孔子的"亚圣"。

孟子一生的成就与他母亲从小对他的教育是分不开的。孟母是一位集慈爱、严格、智慧于一身的伟大的母亲，早在孟子幼年时候，便为后人留下了"孟母三迁""孟母断织"等富有深刻教育意义的故事。孟子成年娶妻后，孟母仍不断利用处理家庭生活琐事的时机去启发、教育他，帮助他从各方面进一步完善人格。有一次，孟子的妻子在房间里休息，因为是独自一个人，便无所顾忌地将两腿叉开坐着。这时，孟子推门进来，一看见

## 礼仪规范与训练

妻子这样坐着，非常生气。原来，古人称这种双腿向前叉开坐为箕踞，箕踞向人是非常不礼貌的。孟子一声不吭就走出去，看到孟母，便说："我要把妻子休回娘家去。"孟母问他："这是为什么？"孟子说："她既不懂礼貌，又没有仪态。"孟母又问："因为什么而认为她没礼貌呢？""她双腿叉开坐着，箕踞向人，"孟子回道，"所以要休她。""那你又是如何知道的呢？"孟母问。孟子便把刚才的一幕说给孟母听，孟母听完后说："那么没礼貌的人应该是你，而不是你妻子。难道你忘了《礼记》上是怎么教人的？进屋前，要先问一下里面是谁；上厅堂时，要高声说话；为避免看见别人的隐私，进房后，眼睛应向下看。你想想，卧室是休息的地方，你不出声、不低头就闯了进去，已经先失了礼，怎么能责备别人没礼貌呢？没礼貌的人是你自己呀！"孟母一席话说得孟子心服口服，再也不提什么休妻的话了。(《韩诗外传》)

# 项目二 举止礼仪

### 学习目标

1. 了解站、坐、行、蹲等礼仪姿态的基本要求。
2. 掌握规范的站姿、坐姿、行姿、蹲姿。
3. 能够在不同场合选择合适的站坐姿态。

### 案例引入

小王和小李大学毕业，一同去某公司面试。到了面试的办公室，小王坐在沙发上，跷起二郎腿，而且两脚不停地抖动。小李端正地坐在椅子上面，面带微笑。两个人的基本情况都差不多，但是面试之后，小李被录取，小王却落选了。委屈的小王不知道什么原因。

### 知识梳理

## 任务一 站 姿

### 一、基本站姿

（1）头正：抬头，头顶上悬，双目平视前方，嘴微闭。表情自然，面带微笑，微收下颌，精神饱满（图 2-1-1 和图 2-1-2）。

（2）肩平：双肩放松，人体有向上的感觉。

（3）臂垂：两肩平正，双臂自然下垂于身体两侧，虎口向前，手指自然弯曲呈自然状。

（4）躯挺：躯干挺直，挺胸收腹立腰，臀部向内向上收紧，身体重心应在两腿中间。

（5）腿并：两脚跟并拢，两腿挺直，双膝用力并拢，脚尖打开一拳的宽度。

（6）从侧面看，头部和肩部、上体与下肢应在一条垂直线上。

视频：标准站姿一

图 2-1-1

图 2-1-2

视频：标准站姿二

## 二、社会交际中几种常见站姿

### （一）前合手式站姿

#### 1. 准备姿势

男生双脚平行开立（图 2-1-3），女生双脚成丁字步（图 2-1-4）。

视频：前合手式一

图 2-1-3

图 2-1-4

视频：前合手式二

#### 2. 动作要求

（1）收腹挺胸，保持上身端正，呼吸均匀。

（2）双手交叉，右手虎口卡住左手虎口，右手在上。

### （二）后合手式站姿（图 2-1-5 ～ 图 2-1-7）

#### 1. 准备姿势

女生双脚成丁字步，男生双脚平行开立。

## 项目二 举止礼仪

**2. 动作要求**

（1）挺胸收腹立腰，呼吸均匀。

（2）双手交叉于背后，右手虎口卡住左手虎口，左手在上。

视频：后合手式一

视频：后合手式二

视频：后合手式三

图 2-1-5　　　　　图 2-1-6　　　　　图 2-1-7

### （三）单臂前屈式站姿（图 2-1-8 和图 2-1-9）

**1. 准备姿势**

女生双脚成丁字步，男生双脚平行开立。

**2. 动作要求**

（1）右臂弯曲，抬至腰际，右手掌心向内，左手垂于体侧。

（2）注意呼吸均匀，身体整体协调，使站姿富有美感。

视频：单臂前屈式一

视频：单臂前屈式二

图 2-1-8　　　　　　　　图 2-1-9

### （四）单臂后背式站姿（图 2-1-10 ～ 图 2-1-12）

**1. 准备姿势**

女生双脚成丁字步，男生双脚平行开立。

13

## 2. 动作要求

（1）挺胸收腹立腰，呼吸均匀。

（2）左手后背，掌心向外，右手垂于体侧。

图 2-1-10

图 2-1-11

图 2-1-12

视频：单臂后背式一

视频：单臂后背式二

## 三、克服几种不良站立姿态

（1）站立时一肩高一肩低。肩部歪斜，给人以紧张感。正确的站姿，应该是两肩要平。

（2）站立时身体歪斜。工作人员在工作中身体歪斜，给人以颓废消极、自由散漫的感觉，同时也不美观。正确的站姿要求身体直立。

（3）站立时弯腰驼背、坐髋、收胸、挺腹，这也是身体歪斜的一种特殊表现。这些表现都会给人以无精打采、身体欠佳的感觉。

（4）在工作岗位上随随便便倚墙而站，或趴伏在桌子上，或左顾右盼。这样既不雅观，又显得自由散漫。

（5）女生站立时腿要尽量靠拢；男生两腿可以分开，但不要过大，一般不超过肩宽。如果两腿分开超过肩宽，就会给人以很不文雅的感觉。

（6）在工作过程中脚呈 V 字形、丁字形。绝不允许站成内八字形，更不允许把脚从鞋中拿出踩在鞋帮上。

（7）工作人员在站立时不能一手插于衣服口袋中，不能将手臂支于桌面，手掌托住下颚，这样的形体都给人以懒散的感觉。还不能双手抱在胸前，这会给人以傲慢的感觉。

（8）工作人员在站立服务时是相对静止的，所以这时的动作要以少为宜，不要手臂挥来挥去，身体扭来扭去，腿脚抖来抖去。

## 四、训练方法

在掌握动作要领的前提下，要形成规范挺拔的站姿，还需要注意肌肉张弛的协调性，强调挺胸收腹，两肩后张，两臂与肩肌肉应适当放松，呼吸自然；要强调眼神，面部表情与站姿的配合。形神统一，才能显示出站立姿态的美。

以下是比较常用而且有效的训练方法，大家可以根据实际情况进行选择，并且坚持练习。在进行站姿训练时还可以配上轻松愉快的音乐，以调整心情，减轻疲劳感。训练时间可控制在 20 分钟左右。

### 1. 头顶书本

颈部自然挺直，下巴向内收，上身挺直，目光平视，面带微笑，把书本放在头顶中心，使书本不要掉下来，头、躯干自然保持平稳（图 2-1-13）。

### 2. 背靠墙

将后脑、双肩、臀部、小腿后侧及脚跟与墙壁靠紧，每次持续一段时间。这种训练可以使训练者有一个完美的后身。

### 3. 两人背靠背

两人一组，背靠背站立，相互将后脑、肩部、臀部、小腿肚及脚跟靠紧，并在两人的肩部、小腿等相靠处放一张卡片，不能让卡片掉下来（图 2-1-14）。

### 4. 对镜训练

面对镜子，检查自己的站姿及整体形象，发现问题及时纠正。

图 2-1-13

图 2-1-14

## 任务二　坐　姿

端庄优美的坐姿会给人以文雅、稳重、自然大方的美感。职业学校学生应注意坐姿的文雅、自如、端正、亲切，会给人一种舒适感，展现自身的高雅气质与修养。

 礼仪规范与训练

## 一、女生的坐姿

娴雅优美的坐姿是女生姿态美的重要方面。在交际场合和社会生活中,女生的坐姿美对社会交际效果有着潜在的影响力。女生的坐姿总体要求是"温文尔雅"。掌握正确而优美的坐姿会增加形体的美感与魅力。

(1)标准式:腰部挺直,膝部靠紧,两小腿垂直于地面,两手交叉于腹前(图2-2-1)。

(2)前伸式:在第一种坐姿的基础上,两小腿向前伸出45°,两脚尖不要向上翘(图2-2-2)。

(3)曲直式:左腿前伸,全脚着地,右小腿屈回,用脚掌着地,大腿紧靠,两脚前后在一条线上(图2-2-3)。

视频:标准式

图2-2-1

图2-2-2

图2-2-3

视频:前伸式

视频:曲直式

(4)后点式:两小腿并拢向后屈回,用脚掌着地,脚跟提起,膝部稍展开,但不要过大(图2-2-4)。

(5)侧点式:上身挺直,两小腿向左斜出,双膝并拢。右脚跟靠拢左脚内侧,右脚掌着地,左脚尖着地(图2-2-5)。

(6)侧挂式:在侧点式基础上,左小腿后屈,绷脚,脚掌内侧着地,右脚提起,用脚面贴住左踝,膝与小腿并拢,上身右转(图2-2-6)。

视频:后点式

图2-2-4

图2-2-5

视频:侧点式

（7）重叠式（二郎腿或标准式架腿）：在标准式坐姿基础上，两腿向前，一条腿提起，腿窝落在另一条腿的膝关节上，上面的腿应向里收，贴住另一腿的小腿处，脚尖向下（图2-2-7）。

视频：侧挂式

图 2-2-6　　　　　　　　　图 2-2-7

## 二、男生的坐姿

男生坐姿庄重，给人以深沉稳健的印象，在交际场合和生活中，男生的坐姿对社会交际效果也有着潜在的影响。得体的坐姿，会使人产生信赖感，能表现出男生的阳刚之气。

（1）标准式：腰部挺直，两膝一拳远，两小腿垂直于地面，双手放于大腿上（图2-2-8）。

（2）前伸式：在标准式的基础上，两小腿向前伸出，右脚略前于左脚（图2-2-9）。

视频：标准式

视频：前伸式

图 2-2-8　　　　　　　　　图 2-2-9

（3）前交叉式：右脚置于左脚之上，两脚在踝关节处交叉，两脚前段外侧着地，膝部可稍展开（图2-2-10）。

（4）曲直式：右腿前伸，全脚着地，左小腿屈回，用脚掌着地，两脚前后不在一条线上（图2-2-11）。

视频：前交叉式

视频：曲直式

图 2-2-10　　　　　　　　图 2-2-11

（5）交叉后点式：两小腿并拢向后屈回，用脚掌着地，脚后跟提起，膝部稍展开，但不要过大（图 2-2-12）。

（6）重叠式（二郎腿或标准式架腿）：在标准式坐姿基础上，两腿向前，一条腿提起，落在另一条腿上，上面的腿略向里收，脚尖向下（图 2-2-13）。

视频：交叉后点式

视频：重叠式

图 2-2-12　　　　　　　　图 2-2-13

## 三、入座与离座训练

### （一）入座姿势训练（图 2-2-14）

#### 1. 准备姿势

女生双脚成 V 字形，男生双脚平行开立，距离不超过肩宽，保持站立的基本姿态，目视前方，面带微笑。

#### 2. 动作过程

（1）第一个 8 拍。

第 1 拍：左脚退后半步。

# 项目二 举止礼仪

第 2 拍：女生右手拢裙（用右手沿臀顺理一下裙子，不着裙则可像男生一样省去此动作，只控制第 1 拍动作）。

第 3 拍：坐下。

第 4 拍：收回右脚，与左脚相并。

第 5~8 拍：控制动作。

（2）第二个 8 拍。

第 1~8 拍：控制动作。

### 3. 动作要求

（1）女生拢裙的动作要娴雅得体。

（2）女生坐椅子 2/3，不可坐满椅，也不可坐 1/3（图 2-2-15），男生可坐满椅。

图 2-2-14

图 2-2-15

（3）坐在椅子上后，上体要端直，女生双膝并拢，双手交叉置于小腹前，男生双膝可略开一拳距离，双手分别置左右腿或左右扶手上。

## （二）离座训练

### 1. 准备姿势

女生双膝并拢，坐于椅上，身体端直，双手交叉置于腹前，目视前方；男生双脚并拢，双膝略开，双手置于左右腿或椅子扶手上，目视前方。

### 2. 动作过程

第 1 拍：右腿向前移动半步。

第 2 拍：左脚蹬地，起身，重心移至右脚。

第 3~4 拍：收回左脚，女生双脚成 V 字形，男生双脚开立，重心移至双脚之间。

第 5~8 拍：控制动作，成规范站立姿态。

### 3. 动作要求

（1）起立时左脚要用力蹬地，要注意重心的移动过程。

（2）无论是坐或是站立，都要保持上体端正。

## 任务三　行　姿

行走是人的基本动作之一，行走姿态的好坏反映人的内在素养与文化素质，通过行走的训练，使学生保持正确的行走姿态，从而产生很强的感染力，形成一种动态美（图2-3-1）。

图 2-3-1

### 一、行走姿态的基本训练

#### （一）走姿分解动作训练

##### 1. 准备姿势

收腹挺胸，开肩梗颈，沉肩紧臀；女生双脚成V字形，男生双脚平行成开立式，两脚间距不超过肩宽；双手自然下垂，保持站立的基本姿态，目视前方，面带微笑。

##### 2. 动作过程

（1）第一个8拍。

第1~2拍：右脚擦地前点地，左臂前下斜举，右臂后下斜举（图2-3-2）。

第3~4拍：左脚蹬地，重心前移至右脚，成左脚后点地，手臂位置不变。

第5~8拍：动作同第1~4拍，方向相反。

视频：行姿男

（2）第二至四个8拍：重复第一个8拍动作。

（3）第五个8拍。

第1拍：左脚擦地前点地，右臂前下斜举，左臂后下斜举。

第2拍：右脚蹬地，重心前移至左脚，成右脚后点地，手臂位置同前。

第3~4拍：动作同第1~2拍，方向相反。

第5~8拍：动作同第1~4拍。

（4）第六至八个8拍：重复第五个8拍动作。

##### 3. 动作要求

（1）左右下斜举臂与前移重心动作要协调。

图 2-3-2

（2）第一至第四个8拍与第五至第八个8拍动作相同，但速度加快一倍，应根据速度的要求控制体态。

## （二）行走连续动作训练

### 1. 准备姿势

同"（一）走姿分解动作训练"。

### 2. 动作过程

（1）第一个8拍。

第1拍：迈左脚，右脚蹬地，重心前移至左脚，成右后点地。

第2拍：迈右脚，左脚蹬地，重心前移至右脚，成左后点地。

第3~8拍：动作同第1~2拍，重复三遍。

（2）第二至八个8拍：动作同第一个8拍。

### 3. 动作要求

（1）始终保持上体端直和收腹挺胸，开肩梗颈的要求。

（2）注意重心的不断前移，身体姿态的不断变化，形成和谐的美感。

## （三）步度控制

对步度进行控制，每步约为一脚长，男生每步40厘米，女生每步30厘米，一拍一步，反复练习。

对动作的要求：一是严格控制步度，形成标准的走姿。二是始终保持上体端正，收腹挺胸，开肩梗颈，目光平视，面带微笑。

## （四）步位控制训练

### 1. 准备姿势

同"（一）走姿分解动作训练"。

### 2. 动作过程

同"（二）行走连续动作训练"，但要求行走时对步位进行控制；男生"走两点"（图2-3-3），女生"一条线"。一拍一步，反复练习。

### 3. 动作要求

男生"走两点"是基本要求，即左右脚下位置不在一条线上；女生"一条线"是严格要求，即左右脚下位置在一条线上，训练时可稍稍放宽，但两脚下地的前后位置的线迹要求基本成一条线。

图 2-3-3

手臂摆动、双脚移动和步位控制之间的协调。

### （五）步速控制训练

#### 1. 准备姿势
同"（一）走姿分解动作训练"。

#### 2. 动作过程
同"（二）行走连续动作训练"，但要求对步速进行控制，男生每分钟约110步，女生每分钟约120步，通过口令或音乐反复练习。

#### 3. 动作要求
（1）男生每分钟110步，女生每分钟只是参考数据，可根据自身条件适当调整。
（2）男生要走得潇洒，女生要透出柔美。

### （六）训练方法
（1）练习时要保持上体形态的端正，双臂的摆动幅度要适度。
（2）要注意增强腰、背、胸、腿、手臂的力量和控制能力。
（3）要重视行进练习，这是形成良好走姿的基础。

视频：行姿女

（4）可选有节奏的音乐进行训练，使学生在音乐中体会到优美走姿带来的心理感受。

## 二、不同着装的走姿

服装的式样与人的言谈、举止、步态协调配合能充分体现穿着者的风度，给人以和谐之美感，令人赏心悦目。所以服饰美学的构成因素，首先是人体感觉、风度、气质。有的人虽然穿上款式新颖的服装，但其谈吐、仪态举止不协调，也不能给人以美感。如穿着西服，但裸臂敞怀，走起路来摇头晃脑，蹲、坐时两腿叉开，就很不相称；又如穿着长裙或旗袍蹦蹦跳跳，看上去也不雅观。因此，不同的服装式样，在举止步态上应有所区别。一般来讲，以直线条为主的服装特点是：舒展、矫健、庄重、大方，而以曲线条为主的服装特点是：妩媚、柔美、优雅、飘逸。高级宾馆的工作人员，由于工作部门不同，服装的式样、色彩都有区别。因而，在仪态举止方面也应表现出不同的风采（图2-3-4）。

图2-3-4

### （一）着西装的走姿

穿着西装要注意挺拔，保持后背平正，两腿立直，走路的步幅可略大些，手臂放松伸直摆动，手势要简捷、大方，站立时要注意两腿并拢，或两腿间隔不超过肩宽，行走时男子不要晃臀，女子髋部不要左右摆动，总之，西服是以直线为主，在仪态举止方面也要以直线为主。

### （二）着旗袍的走姿

旗袍能反映出东方女性柔美的风韵，富有曲线的韵律美。一些大型宾馆的服务人员，尤其是餐厅、前厅的服务员，身着旗袍较为适宜。穿着旗袍也要求身体挺拔，胸微含，下颌微收，不要塌腰撅臀。着旗袍无论是配以高跟鞋还是平底鞋，走路的幅度都不宜过大，两脚跟前后要走在一条直线上，脚尖略外张，两手臂在体侧摆动，幅度不宜大。髋部可随着脚步和身体重心的转移，稍左右摆动。站立时两手合握于腰部，或一屈一直。总之，穿着旗袍时的仪态举止要与服装式样的特点相适应，体现出柔和、含蓄、妩媚、典雅的风格。

### （三）着长裙的走姿

穿着长裙使人显得修长，由于长裙的下摆较大，更显出飘逸、潇洒的特点。穿长裙行走时要平稳，步幅可稍大些。转动时，要注意头和身体协调配合，尽量不使头快速地左右转动。注意调整头、胸、髋三轴的角度，强调身体的造型美。保持微笑、含蓄，站立时可两手合握于体前，走动时可一手提裙。

### （四）着短裙的走姿

穿着短裙要表现出轻盈、敏捷、活泼、洒脱的特点。步幅不宜过大，走路的速度可稍快些。要笑口常开，保持活泼灵巧的风格。

### （五）穿平底鞋的走姿

穿平底鞋走路要脚跟先着地，注意由脚跟到脚掌的过渡。用力均匀适度，身体重心的推送过程要平稳。穿平底鞋比穿高跟鞋的步幅略大，可根据自己的身高、腿长调整步幅大小。

穿平底鞋容易产生两种不标准姿态。一种是抬腿过高，脚落地时，小腿的腓肠肌、比目鱼肌张力差，不能积极地使身体的重心向前脚转移，从而使脚跟接触地面时间略长，脚趾抓地感觉差。这种步态看上去像是向前甩小腿，用脚跟走路，给人一种松懈的感觉，在一些年轻的男子中较为多见。矫正的方法是加强腿部肌肉训练，尤其是小腿的腓肠肌、比目鱼肌的力量素质训练，并提高脚趾的灵敏性。可有意识地通过提踵、擦地、勾蹦、小踢腿等动作练习进行矫正。另一种是在行进时脚掌过度用力，致使脚跟过快提起形成短暂停留，这时身高即上升，等脚跟落下，身高又复原。这样的步态连续起来使走路上下颠动、不平稳。

### （六）穿高跟鞋的走姿

穿高跟鞋由于脚跟提高，身体重心前移，为了保持身体的平衡，要求身体的感觉是直膝立腰，收腹收臀，挺胸抬头。所以，穿高跟鞋能够使人挺拔。穿高跟鞋一定要注意将踝关节、膝关节、髋关节挺直、立腰、挺胸，要有一种挺拔向上的形体感觉。而行走时步幅不宜大，膝盖不要太弯，两腿并拢，不强调脚跟到脚掌的推进过程。要走柳叶步，即两脚跟前后跨在一条线上，脚尖略外开，走出来的脚印像柳叶一样（图2-3-5）。

图 2-3-5

## 任务四　蹲　姿

### 一、优美的蹲姿训练

#### （一）交叉式蹲姿

下蹲时右脚在前，左脚在后，右小腿垂直于地面，全脚着地。左腿在后与右腿交叉重叠，左膝由后面伸向右侧，左脚跟抬起，脚掌着地。两腿前后靠紧，合力支撑身体。臀部向下，上身稍向前倾。这种蹲姿在下蹲过程中上身保持基本站姿标准，臀部始终向下。这种蹲姿最适合穿裙装的女生。在下蹲时具体哪只脚在前可视具体情况而定（图2-4-1）。

#### （二）高低式蹲姿

下蹲时右脚在前，左脚稍后（不重叠），两腿靠紧向下蹲。右脚全脚掌着地，小腿基本垂直于地面，左脚脚跟提起，脚掌着地，左膝低于右膝，左膝内侧靠于右小腿内侧，形成右膝高、左膝低的姿态，臀部向下，基本上以左腿支撑身体。在下蹲时具体哪只脚在前、哪只脚在后，可视具体情况而定。穿裤装时也可采用这种蹲姿（图2-4-2）。

图 2-4-1　　　　　　　　　图 2-4-2

#### （三）半蹲式蹲姿

半蹲式蹲姿多用于行进过程中，基本特征是半立半蹲。在下蹲时，上身稍弯曲，但不宜与下肢构成直角或钝角；臀部应向下而不是撅起；双膝略为弯曲，其角度根据需要可大可小，但一般均为锐角；身体的重心应放在一条腿上（图2-4-3）。

#### （四）半跪式蹲姿

半跪式蹲姿又叫单跪式蹲姿。它是一种非正式蹲姿，多用于下蹲时间较长，或为了用

力方便之时。在下蹲之后，一条腿膝部点地，臀部坐在点地腿的脚上，点地腿用脚尖着地。另一条腿应全脚掌着地，小腿垂直于地面。双腿应尽力靠拢。形成一腿蹲一腿跪（图 2-4-4）。

图 2-4-3　　　　　　　　　　图 2-4-4

## 二、蹲姿的注意事项

（1）当在行进中需要下蹲时，速度不能过快，不要突然下蹲。

（2）在下蹲时，应与他人保持一定的距离。与他人同时下蹲时，更不能忽视双方之间的距离，以防彼此撞头。

（3）在他人身边下蹲，尤其是在服务对象身旁下蹲时，最好与之侧身相向。正面面对他人或者背部面对他人下蹲是不礼貌的行为。

（4）在公共场合下蹲时，身着裙装的女生一定要避免个人隐私暴露在外，一定要注意将两腿靠紧。

（5）不论女生还是男生，在下蹲时臀部都不能撅起，这是很不礼貌、很不文雅的行为，一定要保持臀部向下。

（6）服务时，若在毫无必要的情况下采用蹲姿，只会给人虚假造作的感觉。另外，不可蹲在椅子上，也不可蹲着休息。

# 任务五　表情礼仪

表情是形体语言最为丰富的部分，是人内心情绪的反映，也是人评价仪表美的重要依据。

## 一、表情

表情是指人的面部情态。人通过表情来传情达意，表现出人的心理。现代心理学家总结过一个公式：感情的表达 = 语言（7%）+ 声音（38%）+ 表情（55%）。可见表情在人与人之间的交往中占有相当重要的位置。健康的表情能给他人留下深刻的印象，也是一个人自身素质的最好体现。

面部表情反映着人的内心，它是不会撒谎的。正如弗洛伊德所说："一个人有眼睛可以看，有耳朵可以听，就可坚信，世间无人可以保守秘密，即使你默不作声，但是你的每一个毛孔，都渗透真意，背叛你。"这就是说人的语言和形体语言有时是矛盾的，在判断人的真意时，往往以形体语言作为依据，因为它最能表现人的内心。有人分析，出现以下几种表情时可能在撒谎，面部表情尴尬不自然或脸红；说话时眼睛旁观左右，不敢直视，或低眉垂目，看着地面；额头出汗，不时眨眼，以手托口或不时故意干咳，用手轻轻按鼻或用手指轻轻搔弄耳后颈部等。但这些判断不是绝对的。实际上在交往时人们可以控制自己的表情，这有助于顺利交往。一个人如果情绪不佳，在交往时必须有意识地控制情绪表现，以免引起对方的误会。

## 二、微笑的训练

微笑是众多笑的种类中最美的一种笑容。人的交往应是以微笑开始的。微笑是对人的尊重、理解和奉献。有人说，一旦学会微笑，你将成为一笔宝贵精神财富的拥有者，微笑是全世界通用的货币（图 2-5-1）。

图 2-5-1

有很多人不习惯微笑，其原因是多方面的，有的是在家庭和学校的教育中缺乏礼仪教育，从小未养成微笑待人的习惯；有的是自身的审美标准决定的，虽然知道微笑在交往中的作用，但一味追求毫无表情的"冷峻美"；有的是因为生活影响，如家庭生活不幸福，个人生活、学习和工作不顺心，直接表现在面部表情上；有的是由于性格决定的，其性格内向，不善言辞，尽管其内心热忱，却毫无表情……

如何养成微笑的习惯呢？一方面要进行必要的礼仪教育，另一方面还需要进行训练。练习时，可以借鉴演员的一些训练方法。在戏剧演员的训练中，有一种方法被称为"情绪记忆法"，即将生活中的某些事件所产生的某些情感储存在记忆中。当剧中需要这种情感时，回忆起当时的事件，就会产生所需要的情感。这样，使演员能够根据剧情需要，要笑即笑，要哭即可落泪。

借鉴这种方法，那些在生活中不善于微笑的人，可将发生在自己生活中高兴的事件中的情绪储存在记忆中，当工作中需要微笑时，面对陌生人，想起那件最高兴的事情，脸上就会流露出笑容。当然，这只是改进不善于微笑的一种方法。当得到改善后，人们在工作、生活中提倡的是以诚相待，而不是虚假的微笑。

## 三、眼神

眼睛是传递心灵信息的窗口,在人际交往中具有不可替代、不容忽视的作用。了解一个人的秘密,其最好的办法是去观察他的眼睛,一位医学博士指出:从解剖学的观点来看,眼睛是大脑的延伸。正如心理学家所观察到的那样,它几乎是大脑的一部分。有人认为,在人的各种感觉器官所获得的信息总量中,眼睛要占8%以上。心理学家认为"最能准确表达人的感情和内心活动的是眼睛。用眼睛来判断第一印象,眼睛反映着人的性格和内心动向"。

在人际交往中,一个人的目光应是坦然、亲切、和蔼、有神的,目光应注视对方,不应躲躲闪闪。人们视线相互接触的时间通常占交往时间的30%~60%,一般连续注视对方的时间是1~2秒。在双方直接见面交谈时,视线的高度和位置应因交际对象和交际场合的不同而不同。

### (一)公事视线

公事视线的位置是:以双眼为下底线,到前额中部,构成一个等边三角形。它适用于谈判、磋商、洽谈等场合。这种视线的特点是公事公办,严肃郑重,不含任何个人感情色彩,能深刻地影响对方情绪。而主动使用这种视线的一方,则掌握着交谈的主动权。

### (二)社交视线

社交视线的位置是:以双眼为上底线,到唇部中央构成一个倒等边三角形。它适用于上下级间的友好交谈、同事交往,以及各种联谊会、茶话会、座谈会等各种社交场合。这种视线的特点是亲切温和,能造成一种融洽和谐的气氛,让对方感到平等舒服。

### (三)亲密视线

亲密视线的位置是:以双眼为上线,延长至胸部。它适用于恋人、家庭成员或挚友之间。这种视线的特点是热烈,能将灼热的感情很快传达给对方,使对方体会到一种关切或热爱之情。

无论使用哪种视线,都应注意不可将视线长时间固定在所要注视的位置上。应把握分寸,恰到好处,善于调节,因人而异,以显示自己较高的文化修养和人际交往水平,为双方友好关系的建立创造一个无声的良好环境。

对于服务人员而言,如果优雅的举止不配以适当的眼神,会得到相反的效果。试想:一个服务工作人员做出表示"欢迎"的手势时,一副没有微笑的面孔,斜视着客人,使人感到其手势与面部表情的内涵是相悖的。尽管其做出的动作是表示"欢迎",但客人从这张面孔上看到的是"不欢迎",甚至是"瞧不起",当然更不能表现出工作者的服务热情。可见眼神在人体动作中起着重要的作用。

## 礼仪规范与训练

**拓展训练**

1. 练习规范的站、坐、行、蹲姿态。
2. 自定义场景，分组讨论，并现场演示。
3. 在日常的学习和生活中，有意识地注意自己的举止，并坚持一段时间，看看会给你的生活带来什么样的改变。

**素养提升**

### 古代的坐立姿态

古人非常注重站坐姿态，认为坐立姿态是一个人内在修养的外在表现，人正则心正。

古代的坐姿有经坐、恭坐、肃坐、卑坐四种。唐朝以前，人们通常是席地而坐，在地上铺席，两膝着地跪坐。四种坐姿的差别在于头部姿势和视线落点。经坐要求水平目视前方，姿态端正；恭坐头为俯，大致目视对方膝盖；肃坐时头的角度更低；而卑坐时则需要低头垂肘，最为谦卑。

与坐姿相似，古代的站姿也分为经立、恭立、肃立和卑立四种。经立是人们通常的站立姿态，要求身体挺直，目不斜视；恭立是在经立的基础上，上身微屈，头略低，视线下移，腰部自然弯曲一个小小的角度，表达出恭敬之意；肃立时弯腰的幅度比恭立更大，接近45°，用于面对长辈或聆听教诲时；卑立是最为谦卑的一种站姿，身体弯曲呈90°，要让腰间的玉佩垂直落下才算合乎标准。

### 真假贵夫人

汉武帝有两位宠妃，尹婕妤和邢夫人。有一次，尹婕妤亲自请求武帝，希望能看见邢夫人，武帝答应了，就让另一位夫人假扮，跟随的侍从有几十人，假冒邢夫人来到尹婕妤面前。尹婕妤走上前去见她，说："这不是邢夫人。"武帝说："为什么这样讲呢？"尹婕妤回答说："看她的身段、相貌、姿态，不足以匹配皇上。"于是武帝就下令让邢夫人穿上旧衣服，单独前来。尹婕妤远远看见她就说："这才是真的。"于是就低头哭泣，伤心自己不如邢夫人。（《史记·外戚世家》）

# 项目三 交往礼仪

## 学习目标

1. 明确礼仪在日常生活工作中的重要性。
2. 掌握交往过程中的见面礼、常用手势及接递物品的动作要领。
3. 在实际生活中，根据不同场合选择合适的方式。

## 案例引入

北京有一家外资企业招工，对学历、外语、身高、相貌的要求都很高，薪酬也很高，所以很多高素质人才都来应聘。一些年轻人过五关斩六将，到了最后一关——总经理面试。这些年轻人心想，这很简单，只不过是走走过场罢了，肯定十拿九稳。

没想到，这一面试真的就出问题了。一见面，总经理说："很抱歉，年轻人，我有点急事，要出去10分钟，你们能不能等我一下？"年轻人说："没问题，您去吧，我们等您。"老板走了，年轻人一个个踌躇满志，闲不住，围着老板的大写字台看，只见上面文件一摞、信一摞、资料一摞。年轻人你看这一摞，我看这一摞，看完了还交换，说道："哎哟，这个好看。"

10分钟后，总经理回来了，说："面试已经结束。""没有啊？我们还在等您啊。"老板说："我不在的这一段时间，你们的表现就是面试。很遗憾，你们没有一个人被录取。因为，本公司从来不录取那些乱翻别人东西的人。"这些年轻人听完，捶胸顿足，只得悻悻而归。

知识梳理

## 任务一 介绍和称呼

### 一、介绍礼仪

在日常生活和工作中,人与人之间需要进行必要的沟通,以寻求理解、帮助和支持。介绍是人际交往的开始,是最常见的与他人认识、沟通、增进了解、建立联系的方式。恰当得体的介绍可以给人留下深刻、美好的印象,也为进一步交往打下基础。

（一）介绍的类型

根据介绍的场合、需要及介绍人的不同,可以将介绍分为自我介绍、他人介绍和集体介绍三种类型。

1. 自我介绍

自我介绍是指在社会中,由介绍人自己担任主角,将自己介绍给别人的方法。这是人际交往中一种重要的沟通方式。在以下场合中需要作自我介绍。

（1）自己希望结识某人时。

（2）他人希望结识自己时。

（3）需要将自己介绍给公众时。

2. 他人介绍（图 3-1-1）

图 3-1-1

他人介绍是指由第三方作为介绍人,使彼此不认识或不熟悉的双方结识、了解的方式。在他人介绍中,为双方作介绍的第三方为介绍人,而被介绍者介绍的双方为被介绍者。充当介绍人的人通常有以下几类：社交活动的东道主、长者、活动负责人；家庭聚会中的主人方,一般为女主人；公务活动中的专职人员；熟悉双方的第三者。

介绍人应当熟悉和了解被介绍的双方。应当在介绍前征求一下双方的意见，以免双方没有相识的愿望或已经相识，引起不必要的尴尬。介绍人应在双方都有意愿相识并需要人来介绍时，为双方做好介绍工作。

3. 集体介绍

集体介绍是为他人介绍的一种特殊情况，是指在为他人作介绍时，被介绍者的其中一方或双方不止一人，甚至是许多人。

(二)介绍的顺序

介绍是一种礼仪，有自身的规则与逻辑。因此，在介绍时顺序的重要性不言而喻。

（1）应向年长者引见年轻者，将年轻者介绍给年长者，不论男女都是按这样的顺序作介绍，以此表示对年长者的尊重。

（2）应向女士引见男士。把男士引导到女士面前，再将男士介绍给女士。比如："张小姐，请允许我向你介绍，这位是李先生。"

（3）应向官方人士引见非官方人士，如果双方都是在职人员，应向职位高的引见职位低的人，同时连同双方的单位、职务一起作简单介绍。在社交场合，一般都是以社会地位和职位高低作为社会交际礼仪的衡量标准。

（4）应该将未婚者介绍给已婚者。除非未婚者明显年长，那么就应该将已婚者介绍给未婚者。

（5）在人数众多的场合，如果其中没有职位、身份特殊的人在场，又是年龄相仿的人聚会，则可按照一定的次序一一介绍。

这里要特别指出的是作集体介绍时，尤其在一些隆重而正式的场合，介绍的顺序应特别注意。原则是先尊后卑、先主后宾。具体来说就是：当双方地位或年龄相仿时，应先介绍人数少的一方，再介绍人数多的一方；如果双方地位或年龄存在明显的差异，应先介绍位尊的一方，即使尊方只有一人或少数人，也要先介绍尊方；如若存在主客关系，应先介绍主方，再介绍客方。

(三)介绍时的注意事项

（1）注意顺序。

（2）进行自我介绍，要简洁、清晰，充满自信，态度要自然、亲切、随和，语速要不快不慢，目光正视对方。要谦虚，不能自我吹捧。如果你担负一定的领导职务，不要在介绍时炫耀，只说出在某单位工作即可。初次见面过分地表现自己，容易引起对方的反感。

在社交场合或工作联系时，自我介绍应选择适当的时间，当对方无兴趣、无要求、心情不好，或正在休息、用餐，忙于处理事务时，切勿打扰。

（3）为他人作介绍时，不要用命令式的话语，如"汪先生，过来和老张握握手"；不可用手指指点点，而应有礼貌地以手掌示意。介绍时，要注意实事求是，掌握分寸，不能胡乱吹捧，以免使被介绍人尴尬。

（4）当主人向别人介绍自己时，一定要站起来，致以谢意。要主动向对方说清自己的姓名、职业等，同时注意在第一次介绍中记住对方姓名，免得谈话时不好称呼。对一些自己不认识的长者或领导同志，要主动站起来，先自我介绍，让对方了解自己。

（5）如果介绍人有介绍错误的地方，立即纠正是理智而友好的，但不应感到恼火，要尽量轻描淡写，点到为止即可，以免使他人难堪。

## 二、称呼

称呼又叫称谓，是指人们在正常交往应酬中，彼此之间所采用的称谓语。礼仪要求"称谓得体，有礼有序"。在日常生活中，称呼应当亲切、准确、合乎常规。准确恰当的称呼，体现了对对方的尊敬或亲密程度，同时也反映了自身的文化素质。经常使用的称呼有以下几种。

### （一）泛尊称

在社交场合，对陌生人的称呼采用"某先生""某小姐"，不失为一个权宜之计。国际交往中，在对方身份不明的情况下，男子不论婚否，可统称为"先生"。女子则根据婚姻状况，以称"小姐""女士"为宜。这些称呼可冠以姓名、职称、衔称等。如"李先生""市长先生""上校先生""王小姐""秘书小姐""护士小姐""陈夫人"等。

### （二）职业称呼

对医生、教授、法官、律师以及有博士等学位的人士，均可单独称"医生""教授""法官""律师""博士"等。同时可以加上姓氏，也可加先生，如"张教授""法官先生""律师先生""博士先生""丁博士先生"等。对教育界、文艺界新相识的人都可敬称为"老师"。

### （三）职务称呼

在工作岗位上，为了表示尊敬，可按职业相称，也可以职务、职称相称。如"周处长""陈经理""王主任"等。对地位高的官方人士，一般为部长以上的高级官员，按国家情况称"阁下"。如"部长阁下""总统阁下""主席先生阁下""总理阁下""总理先生阁下""大使先生阁下"等。但美国、墨西哥、德国等国没有称"阁下"的习惯，因此在这些国家可称"先生"，对有地位的女士可称"夫人"，对有高级官衔的妇女，也可称"阁下"。

### （四）职衔称呼

对军人一般称"军衔"或"军衔"加"先生"，知道姓名的可冠以姓与名。如"上校先生"等，有的国家对将军、元帅等高级军官称"阁下"。在君主制国家中，按习惯称国王、皇后为

"陛下"。称王子、公主、亲王等为"殿下"。对有公、侯、伯、子、男等爵位的人士既可称"爵位",也可称"阁下",一般也称"先生"。

### (五) 姓名称呼

在一般场合中,可以直接称呼对方的姓名,如"黎明"。对年长者称呼要恭敬,不可直呼其名。在我国,为了表示亲切,可称"老张""老王"。如果是有身份的人,可以将"老"字与其姓相倒置,这种称呼表示一种尊重,如"张老""王老",称呼时可借助声调、热情的笑容和谦恭的体态表示尊敬。对同辈人,则可称呼其姓名,有时甚至可以去姓称名,也可在其姓前加"小"相称,如"小张""小李"。

### (六) 亲属的称呼

对自己的亲属,一般应按约定俗成的称谓称呼,但有时为了表示亲切,不必拘泥于称谓的标准。如对公公、婆婆、岳父、岳母都可称为"爸爸""妈妈"。对外人称呼自己的亲属要用谦称。称自己长辈和年龄大于自己的亲属,可加"家"字,如"家父"。称辈分低的或年龄小于自己的亲属,可加"舍"字,如"舍妹"。至于称自己的子女,可称"小儿""小女"。称呼他人的亲属,要用敬称。一般可在称呼前加"令"字,如"令尊""令堂"等。对其长辈,也可加"尊"字,如"尊叔""尊祖父"等。在非正式场合或向陌生人问询时,为表示亲近,可以用仿亲属的称谓称呼对方,如"叔叔""阿姨"等。

### (七) 特殊的称呼

(1) 对服务人员一般可称服务员,如知道姓名的可单独称名字。

(2) 对教会中的神职人员,一般可称教会的职称,或姓名加职称,或职称加"先生",如"福特神父""牧师先生"等。

(3) 凡与我国一样有同志相称的国家,对各种人员均可称"同志",有职衔的可加职衔。如"主席同志""秘书同志""司机同志""服务员同志"等。

## 任务二 致意方式

所谓致意,是我们向他人表达真实的心意,表示问候之意,通常表现为人与人之间在各种场合打招呼。本节课,我们将对国际通用的一些致意方式进行讲解和训练。

### 一、鞠躬礼

"鞠躬"起源于中国,商代有一种祭天仪式"鞠祭":祭品牛、羊等不切成块,而将整体弯卷成圆的鞠形,再摆到祭处奉祭,以此来表达对祭祀者的恭敬与虔诚。人们在现实生活中逐步沿用这种形式来表达自己对地位崇高者或长辈的尊敬。

鞠躬,意思是弯身行礼,表示对他人敬重的一种郑重礼节。

鞠躬礼一般是下级对上级或同级之间、学生向老师、晚辈向长辈、服务人员向宾客表达由衷的敬意。鞠躬是中国、日本、韩国、朝鲜等国家传统的、普遍使用的一种礼节。鞠躬主要表达"弯身行礼,以示恭敬"的意思(图 3-2-1 和图 3-2-2)。

图 3-2-1

图 3-2-2

视频:鞠躬礼

### (一)鞠躬的基本要求

(1)行鞠躬礼时要面对对方,双脚并拢,男士双手放体侧,女士右手握左手,搭于丹田。

(2)上身保持后背挺直的状态,以腰为轴,弯曲上身,做到头、颈、背一条线。

(3)动作速度适中,也可慢慢做,这样会让对方觉得很舒服。

(4)鞠躬前要看着对方,但在鞠躬的过程中,眼睛要向下看,视线由对方脸上落至自己脚前处。

(5)不可低头、驼背鞠躬。

### (二)鞠躬的分类

鞠躬的度数不同,含义也不一样。一般来说,鞠躬的度数越深表达的敬意越重。

(1)15°鞠躬礼,又名欠身礼,适用于同事、朋友、平级之间的致意。

(2)30°鞠躬礼,是迎客礼,下级向上级、学生向老师、晚辈向长辈表示敬意的礼节。

(3)45°鞠躬礼,是送客礼。

(4)90°鞠躬礼,是最隆重的礼节,表示悔过或谢罪,也可用于最高敬意的表达。

## 二、握手礼

握手作为一种礼节,始于何时、因于何故,已很难准确考证。现在比较流行的看法有两种：一是在原始时代，在人类才刚刚从灵长类动物进化而来，还带有几分野蛮的时候，人们不仅在狩猎或战争中，而且在日常交往时，手上常常带有石块等"武器"，以防不测。在与人交往时，为了表示自己的友好，于是将双手伸开并高举，说明自己没带武器，这是最原始的见面礼，也可看作是握手礼的最早开端。后来，这种表达友好的方式发展成用手接触对方的胸部。二是认为握手起源于中世纪交战骑兵的和平表示，当穿戴盔甲的两位骑兵相遇时，为表示友好，会脱下右手的盔甲，接着伸出右手表示没有武器。到了近代，握手礼在世界各地普遍流行开来，作为相互致意、联络沟通的一种手段。与成功者握手，表示祝贺；与失败者握手，表示理解；与同盟者握手，表示期待；与对立者握手，表示和解；与悲伤者握手，表示慰问；与欢送者握手，表示告别等。握手这一简单的动作贯穿于我们日常生活的各个环节，因此，握手的礼仪规范不可忽视。

### （一）握手的场合

（1）表示友好、问候、欢迎以及愿意与人结识。

（2）表示道别。

（3）表示感谢、祝贺、理解、慰问。

视频：握手礼

### （二）握手的动作要领

握手的正确姿势是：握手时，距对方约一步远，上身稍向前倾，两足立正，自然伸出右手，四指并拢，虎口相交，拇指张开下滑，与对方握手。握手时双方应微笑注视，以示诚意（图3-2-3）。

握手的力度也应注意。握手的时间通常以3~5秒为宜，一般情况，相互间握手一下即可。如果是热烈握手，可以摇晃几下，这是十分友好的表示。当你在握手时，不妨说一些问候的话，相互寒暄一下，语气应直接而且肯定，并在加强重要字眼时，紧握着对方的手，来加强对方对你的印象。

握手的两个人手掌相握呈垂相状态，表示平等而自然的关系，这是最稳妥的握手方式。如果表示谦虚或恭敬，则可掌心向上同他

图3-2-3

人握手。掌心向下握住对方的手，显示着一个人强烈的支配欲，无声地告诉别人，他此时处于高人一等的地位，应尽量避免这种傲慢无礼的握手方式。而如果是伸出双手去捧接，则是谦恭备至的意思了。使用这种握手姿势的人是在表达一种热情真挚、诚实可靠的感情，显示自己对对方的信赖和友谊。握手者在用右手紧握对方右手的同时，再用左手加握对方的手背、前臂、上臂或肩部，对对方的加握部位越高，其热情友好的程度也就显得越高。

### （三）握手的顺序

在社交礼仪中，由谁先伸出手去同对方握手是一个极为重要的问题，握手顺序如果错误，

是一种极失礼、尴尬的行为。握手时的先后顺序是由双方的社会地位、年龄、性别等条件综合决定的（在公务场合中，握手时伸手的先后次序主要取决于职位、身份；而在社交、休闲场合中，则主要取决于年龄、性别、婚否）。一般而言，应遵循"先尊后卑"的原则，即握手双方在清楚了尊卑身份后，由尊者先行伸手，位卑者予以响应。

在上下级之间，上级伸出手后，下级才能接握；在师生之间，老师伸出手后，学生才能接握；在长幼之间，长辈伸出手后，晚辈才能接握；在男女之间，女方伸出手后，男方才能接握，但如果男方为长者，应遵循长者优先的原则。

接待来访者时，这一问题变得特殊一些。当客人抵达时，应由主人首先伸出手来与客人相握，表示"欢迎"。而在客人告辞时，就应由客人首先伸出手来与主人相握，表示"再见"。

### （四）握手的注意事项

（1）别人伸手同你握手，而你不伸手，是一种不友好的行为。

（2）握手时的顺序应严格遵守，但是，如果自己是尊者或长者、上级，遇到位卑者、年轻人或下级抢先伸手时，恰当的做法是立即伸出自己的手进行配合，而不要置之不理，使对方当场出丑。

（3）握手时两手一碰就分开，时间过短，好像在走过场，又像是对对方怀有戒意。而时间过久，特别是拉住异性或初次见面者的手长久不放，会显得有些虚情假意，甚至会被怀疑为"想占便宜"。

（4）人们应该站着握手，或者两个人都坐着。如果你坐着时，有人走过来和你握手，则必须站起来。

（5）不要用左手相握，尤其是与阿拉伯人、印度人打交道时要牢记，因为在他们看来左手是不洁的。

（6）不要在握手时戴着手套或墨镜，只有女士在社交场合戴着薄纱手套握手，才是被允许的，否则戴着手套握手是失礼行为。男士在握手前应先脱下手套，摘下帽子。而女士可以例外。

（7）握手时另外一只手不要插在衣袋里或拿着东西。

## 三、致意礼

致意礼是在熟人见面的时候，用无声的动作语言表示友好尊重的一种问候礼节。一般来说，向对方致意的距离以3~5米为宜，尽量在对方的正面，或正面朝向对方。包括点头致意、微笑致意、欠身致意、脱帽致意、举手致意等（图3-2-4）。

图3-2-4

## 四、拱手礼

拱手礼源于中国古代，是相见或感谢时常用的一种礼节。行礼时，双手互握合于胸前。当代一般右手握拳在内，左手在外；若为丧事行拱手礼，则正好相反。一说古人以左为敬，又有人在攻击别人时，通常用右手，所以拱手时，左手在外，以左示人，表示真诚与尊敬。女子行拱手礼时则正好反过来，这是因为男子以左为尊，女子以右为尊（图3-2-5）。

图 3-2-5

# 任务三 常用手势

手势是一种形体语言，是一种动态美，可以增强感情的表达，能在交际和服务工作中起到锦上添花的作用。

## 一、运用手势的重要性

### （一）服务工作中必须重视手势的作用

手势在服务工作中起着重要的作用。手势运用得自然、大方、得体，能够给客人以优雅大方、真诚含蓄的感觉。然而，手势的表现力越强，动作的分寸要求就越高。同一个动作，如果完成的幅度、速度和力度不同，其含义也就不一样。

使用手势应符合国际规范、国情规范、大众规范和服务规范，这样才不至于引起对方的误解。同时在操作手势时，应考虑到在不同的地区，人们往往使用不同的"手语"。例如：伸出右手臂，掌心向下，手臂反复向内侧挥动。在中国这样的手势主要表示招呼别人过来，而在美国这样的手势则表示叫宠物过来。

服务人员手势的基本要求是自然优雅、规范适度、落落大方。适度即手势不宜过多，幅度不宜过大；规范是指动作标准正确；落落大方是指不拘谨、不做作、自然诚恳。

### （二）手势规范标准

手势的标准规格是五指伸直并拢，注意将拇指并严，腕关节伸直，手与小臂形成直线。

在做动作时，肘关节既不要成90°的直角，也不要完全伸直，弯曲140°为宜。掌心向斜上方，手掌与地面形成45°角，手心不要下凹（图3-3-1）。

图 3-3-1

在操作手势时，要强调摆动的过程。在服务人员的手势中，要强化动作的内涵，并显得柔和，带有商量的意思，而不是生硬的、指挥似的。操作手势时，还要注意与眼神、步伐、礼节相配合。例如：迎接客人时，要主动向前上步问候，然后向后退步做"请进"的手势。当手臂向旁边摆时，一定要目视来宾，这样才能更加体现出对来宾的尊重和礼貌。

## 二、工作中常用手势

### （一）横摆式

在服务工作中，表示"请"时，经常采用这种手势（以右手为例）。

将五指伸直并拢，手心不要下凹，手从腹前抬起，至横膈膜处，然后，以肘关节为轴向右摆动，到身体右侧稍前的地方停住。不要将手臂摆到体侧，或摆到身后。手与地面呈45°角，手心向斜上方。肘关节微屈，腕关节要低于肘关节。同时，脚站成丁字步，左手下垂，目视来宾，面带微笑（图3-3-2）。

### （二）直臂式

当给客人引导方向时，不能只用一根手指，而需采用手掌，这时应五指并拢，曲肘由身前抬起，抬到与肩同高时，再向要指的方向伸出前臂。与前一种手势不同的是，手臂的高度要与肩同高，肘关节伸直（图3-3-3）。

视频：横摆式

视频：直臂式

图 3-3-2　　　　　　图 3-3-3

### （三）曲臂式

当一只手拿着东西，扶着电梯门或房门同时要做出"请"的手势时，可用另一只手（以右手以例），五指伸直并拢，从身体的侧前方，由下向上抬起，抬至上臂与身体成45°时，再以肘关节为轴，手臂由体侧向体前摆动，摆到手与身体相距一拳远处停住。面向右侧，站成丁字步，目视来宾，面带微笑（图3-3-4）。

项目三 交往礼仪

### （四）斜式

请客人入座时的手势要向斜下方。因此，在完成这个动作时，手要从上向下摆动。先要用双手将椅子向后拉开。然后，（以右手为例）右手手臂由前抬起，再以肘关节为轴。前臂由上向下摆动，使手臂向下成一斜线，脚站成丁字步（图3-3-5）。

视频：曲臂式

图3-3-4

图3-3-5

视频：斜式

### （五）双臂横摆式

当面对较多客人表示"请"时，可采用双臂从腹前抬起，至横膈膜处，双手上下重叠，同时向身体两侧摆动，摆至身体的侧前方。上身稍前倾，不要撅臀，微笑施礼向客人致意。如果是站在客人的侧面，也可将两只手臂向一侧摆动（图3-3-6）。

### （六）双臂竖摆式

在较隆重的场合，需同时向众多的客人做出"请入座""请开始"等表示时，为了使前后的客人都能看到手势，可采用双臂的手势，将双手手指相对，由腹前抬到头的高度，再向两侧分开下划到腰部。在手臂向两侧分开的同时，目光从左至右环视全场的客人，并微笑伴以恰当的祝词（图3-3-7）。

视频：双臂横摆式

图3-3-6

图3-3-7

视频：双臂竖摆式

## 三、手势的运用

在服务工作中手势既要规范,又要运用得自然恰当。不同的场合、不同的情况要采用不同的手势姿态。

### (一)请进

迎接客人时,可采用"横摆式"手势,一般要站在客人的右侧,将身体转向客人。在客人还没有走近时,向前迈一小步,站在客人的右侧前方,以免挡住客人的视线和行进方向,并与客人保持1米左右的距离。客人走近后,向客人施礼、问候,然后撤步。站成丁字步。左手下垂,右手做横摆式手势。微笑目视客人,直到客人走过去,再放下手臂。

### (二)为客人引导方向

给客人引导方向,可采用"直臂式",当客人询问的地点在其他楼层时,可以先用语言向客人说清楚,然后再采用"直臂式"手势指出电梯的位置。如果是在同一楼层,要将客人带到能够看得见的位置,然后身体侧向客人,眼睛先看方向,再转向看客人,采用"直臂式"手势给客人指明方向。

### (三)送客人进房间或进电梯

当服务人员送客人进房间时,应为客人推开房间的房门。当服务人员送客人进电梯时,应用一只手将电梯门挡住,以防电梯门夹住客人。在这种情况下,服务人员的一只手已被占用,要用另一只手表示"请进",这种时候通常采用"曲臂式"手势。

### (四)请客人坐下

服务人员在接待客人入座时,要用双手扶椅背将椅子拉出,然后一只手做"斜式"手势向客人表示请坐。当客人在椅子前站好后,服务人员再用双手将椅子往前放到合适的位置,请客人坐下。当面对很多客人表示"请坐"时,可以采用"双臂横摆式"手势。

### (五)女士们、先生们请

当在客人较多的隆重场合,需要向全场客人发出信号开始某个程序时,为了使前后客人都能看到手势,可采用"双手竖摆式"手势,同时配以恰当的语言,目视全场。

# 任务四　递交物品

## 一、名片的使用

### （一）接名片的礼仪

#### 1. 用双手接名片

当接到别人递交的名片时，应用双手将名片接过来，不要将手指盖住名片的文字。为了避免手指将名片上的公司名称与人名盖住，应拿着名片的边角（图3-4-1）。

一般名片的接受高度应在胸前。而接受名片之后，注意不要将它垂到腰部以下或漫不经心地塞进口袋里。应当认真地嵌入名片夹中收藏，或放入上衣里面的口袋。

#### 2. 不认识的字应加以确认

在接到别人的名片时，不要因接受的名片上有不认识的字而感到难为情。如果读错音反而更失礼，所以应当场询问对方。"非

图 3-4-1

常抱歉，请问这个字怎么念？"然后再重复一次加以确认。"对不起，是××先生吗？"无论多么难记的名字，在问过一次之后，都应正确地牢记，不能当着客人的面标上注音。

#### 3. 不要将对方的名片置于桌上

当客人只有一位时，就应该将名字牢记，然后收在名片夹或口袋中，不可放在桌上置之不理。此外，即使客人有多位，也应尽可能地当场记住他们各自的姓名，并且养成在记住之后放入名片夹收藏的习惯。如果弄洒茶水而将名片弄脏，是对对方的不敬。

### （二）递名片的礼仪

交换名片是有学问的。交换名片时必须先递出，向对方递张污迹斑斑的名片或以从对方看来相反的方向递出都是错误的。此外，让对方抢先递出名片更是不恰当。因此，名片必须比对方先递出，并由下位者向上位者递出才合乎礼仪。在自己公司迎接客人时，应该比对方早递出名片，因为来客始终处于上位。递交的时候，应该双手恭恭敬敬地递上，名片的正面应该对着对方。

此外，在递出名片时，必须站起来。坐着将名片递给对方是非常失礼的行为。即使到对方公司拜访，也应在自报姓名的同时递出名片。如果与上司一同前往时，应在被上司介绍给对方之后才能递出名片。

## 二、递交文件的礼仪

在工作的过程中，有文件需要上级过目或签字时，应该双手递上文件，并且使文件的正面对着上级（图 3-4-2）。

视频：双手递物

图 3-4-2

## 三、递交其他物品的礼仪

营业员应该把顾客所需的物品双手递到其手上，并且关照："请您拿好。"不可以随便把商品扔给顾客。学生把作业交给老师时，应该先行鞠躬礼，随后恭恭敬敬地用双手递上。在递笔、刀剪之类尖利的物品时，需将尖头朝向自己，握在手中，而不要指向对方。

## 四、送花的礼仪

送花也是讲究礼仪的，对于不同的对象和不同的事情送的花也是不同的。下面主要介绍几种。

（1）给老人祝寿，宜送长寿花或万年青，长寿花象征"健康长寿"，万年青象征"永葆青春"。

（2）热恋男女，宜送玫瑰花、百合花或桂花。这些花象征美丽、雅洁、芳香，是爱情的信物和象征。

（3）贺友人生日，宜送月季和石榴，这些花象征"火红年华，前程似锦"。玫瑰、雏菊、兰花也可以，表示永远祝福。

（4）祝贺新婚，宜送玫瑰、百合、郁金香、香雪兰、非洲菊等。颜色鲜艳而富花语者佳，可增进浪漫气氛，表示甜蜜。

（5）看望亲朋，宜送吉祥草，象征"幸福吉祥"。

（6）夫妻互赠，宜送合欢花。合欢花叶长，两两相对，晚上合抱在一起，象征"夫妻永远恩爱"。

（7）生育小孩，适合送色泽淡雅而富清香者（不可浓香）为宜，表示温暖、清新、伟大。

（8）朋友远行，宜送芍药。芍药不仅花朵鲜艳，且含有难舍难分之意。

（9）对爱情受挫折的人，宜送秋海棠，寓意苦恋，以示安慰。

（10）探望德高望重的老者，宜送兰花。兰花品质高洁，又有"花中君子"之美称。

（11）新店开张与公司开业，宜送月季、紫薇花等，这类花花期长，花朵繁茂，寓意"兴旺发达，财源茂盛"。

（12）送病人，不能送整盆的花，易误为久病成根；不能送香味浓的花，易引起咳嗽；不能送太浓艳的花，会刺激病人神经，激发烦躁情绪；山茶花易落蕾，被认为不吉利。宜送兰花、水仙、马蹄莲等，或选用病人平时喜欢的品种，有利于病人怡情养性，早日康复。

（13）乔迁之喜，宜送稳重高贵的花木，如剑兰、玫瑰、盆栽、盆景，表示隆重之意。

### 拓展训练

1. 每人准备一段自我介绍，要求简单明了、有特点。
2. 模拟办公场合，为领导引荐新同事。
3. 情境训练，模拟工作场合，设置工作人员，进行手势训练。
4. 讨论：在应用这些手势的时候，应该配以怎样的目光和表情，才显得端庄而亲切。

**素养提升**

### 千奇百怪的见面礼

毛利人对客人的欢迎仪式上是顶额头和碰鼻子，以表示对客人的友好和祝愿。

肯尼亚马塞族人的吐口水特殊礼仪——这里的吐口水跟我们日常所见的意义完全是两回事。肯尼亚马塞族人用往对方身上吐口水的方式打招呼。不仅如此，小孩出生时他们也要往小孩身上吐口水，并说一些坏话。他们相信只有说坏话，才能够养活这个小孩。当跟年龄比自己大的人握手之前，要先往手上吐口水以示对前辈的尊敬。

印度人见面打招呼的方式多为"合十礼"，印度人认为右手为神圣之手，左手为不净之手，故有分别使用两手之习惯；然若两手合二为一，则为人类神圣面与不净面的合一。

### 中国古代的见面礼

我国古代，严格说来是没有握手这种礼节的。但有一种和它比较相近的礼节，古人称之为"奉手"，就是双手握住对方的一只手。还有一种与握手礼更为相似的礼节，叫作"执手"。最早见于《诗经·邶风·击鼓》，"死生契阔，与子成说，执子之手，与子偕老"，那时，执手还只是一种自然而然的情感表达，不是一种正式的礼仪。随着时代的变迁，到了辽代，凡是将帅有战功，皇帝就会亲自"执手慰劳"，以示优遇。

揖，拱手行礼，是为"揖"。这是古代宾主相见时最常见的礼节。揖让之礼分为三种：一专用于没有婚姻关系的异性，行礼时推手微向下；二专用于有婚姻关系的异性，行礼时推手平而置于前；三专用于同性宾客，行礼时推手微向上。

拜，古代表示恭敬的一种礼节。古之拜，只是拱手弯腰而已，两手在胸前合抱，头向前俯，额触双手，如同揖。如《孔雀东南飞》中的"上堂拜阿母，阿母怒不止"，这里的"拜"就是焦仲卿对母亲行的这种礼节。后来也将屈膝顿首、两手着地或叩头及地称为"拜"。如《鸿门宴》中的"哙拜谢，起，立而饮之"，这里的"拜"应是这种跪拜礼。

顿首：跪而头叩地为"顿首"。"顿"是稍停的意思。行礼时，头碰地即起，因其头接触地面时间短暂，故称"顿首"。通常用于下级对上级及平辈间的敬礼。如官僚间的拜迎、拜送，民间的拜贺、拜望、拜别等。也常用于书信的开头或末尾。

稽首：古代的一种跪拜礼。跪而头触地作较长时间停留为"稽首"。"稽"是停留拖延的意思。行礼时，施礼者屈膝跪地，左手按右手，拱手于地，头也缓缓至于地，手在膝前，头在手后。头在地必须停留一段时间。稽首是最重的礼节，常为臣子拜见君王时所用。如孟明稽首曰："君之惠，不以累臣衅鼓，使归就戮于秦。"（《崤之战》）

## 三 顾 茅 庐

诸葛亮，字孔明，青年时代躬耕于隆中，并苦读经书，熟悉历朝兴衰的历史，潜心钻研兵法。他常以春秋战国时的管仲、乐毅自比，自称"卧龙"。善于网罗人才的刘备闻知，高兴地说："我需要这样的人才！"并表示哪怕山高路远，行走不便，也非亲自去请他不可。

深冬的一天，刘备带着关羽、张飞到隆中邀请诸葛亮。谁知诸葛亮恰好不在家，刘备只好扫兴而归。

刘备回到新野，不断派人到隆中打听诸葛亮何时在家。当打听到诸葛亮外出已经回到家时，刘备当即决定二请诸葛亮。这时，张飞不以为然地说："一个平民百姓，派个武士把他叫来就得了，犯不着让您一再去请。"刘备说："诸葛亮是当代大贤，怎么能随便派个人去叫他呢？你还是痛痛快快地跟我去吧。"刘备说服了张飞，叫上关羽，三人骑马直奔隆中。

这一天，北风呼啸，大雪纷飞，冷得实在让人难忍。张飞对着刘备大嚷："我等何苦找此罪受！不如等天晴再说。"刘备却说："贤弟，咱们冒此大风雪，不怕山高路远，去请孔明，不正表明了我们的一片诚意吗？"三人继续往前赶路。不料，这一次刘备又未见到诸葛亮，只好写了一封信托诸葛亮的弟弟转交，说明来意，并表示择日再访。

第二年春天，刘备更衣备马，决定第三次去拜访诸葛亮。张飞、关羽竭力劝阻。关羽说："我们两次相请，都未见到他，想必他徒有虚名，不敢前来相见。"张飞更是带着轻蔑的口吻说："我们已仁至义尽，这次只需我一人前往，他如若不来，我就将他绑来见您。"刘备连忙说道："不得无礼，没有诚意哪能请到贤人呢？"

刘备、关羽、张飞三人飞马直奔隆中，来到诸葛亮的草庐前。此时诸葛亮正在午睡。刘备唯恐打扰诸葛亮，不顾路途疲劳，屏声敛气地站在门外静候，直到诸葛亮醒来才敢求见。刘备见了诸葛亮，说道："久慕先生大名，三次拜访，今日如愿，实是平生之大幸!"诸葛亮说:"蒙将军不弃,三顾茅庐,真叫我过意不去。亮年幼不才,恐怕让将军失望。"刘备却诚恳地说:"我不度德量力,想为天下伸张正义,振兴汉室。由于智术短浅,时至今日,尚未达到目的,望先生多多指教。"刘备谦虚的态度、诚恳的情意,使诸葛亮很受感动。于是诸葛亮终于答应了刘备的请求,怀着统一全国的政治抱负,离开了隆中茅庐,出任刘备的军师。他忠心耿耿地辅佐刘备,为"三国鼎立"局面的确立做出了巨大贡献。(《三国演义》)

# 项目四 形象礼仪

### 学习目标

1. 掌握职业妆容和服饰选择的基本原则与技巧。
2. 明确不同职业角色的妆容及服饰的设计要求。
3. 学会正确设计职业形象。

### 案例引入

经理派王小姐到南方某城市参加商品交易洽谈会。王小姐认为这是领导的信任，更是见世面长本领的好机会。为了成功完成这次任务，王小姐做了精心的准备。当工作业务准备完毕，她开始为合适的会议形象而发愁。经过认真的思考，根据对商务形象的认识，她塑造的形象是身着浅红色吊带上装和白色丝织裙裤，脚上是白色漆皮拖鞋，一头乌黑的长发飘逸地披散在肩上，浑身散发出浓郁的香水味道。王小姐认为这样既能突出女性清新靓丽的特点，又具有时代感。她相信自己的形象一定能赢得客商的青睐。结果，出席会议的那天，王小姐看到参加会议的人们顿时觉得很尴尬，男士都是西装革履，女士穿的都是职业装，唯独王小姐穿的是"清新靓丽、具有时代感"的服装。整个会议开下来，王小姐的神情都特别不自然。

### 知识梳理

职业形象包括容貌、姿态、服饰、风度、个人卫生等。在政务、商务及社交场合，一个人的仪表形象不但可以体现他的文化修养，也可以反映他的审美趣味。穿着得体，能赢得他人的信赖，给人留下良好的印象。相反，穿着不当，举止不雅，往往会降低自己的身份，损害自己的形象。个人形象同样也是职业学校学生精神面貌的外在表现，它能展示职业学校

# 礼仪规范与训练

学生的道德修养、文化水平、审美情趣,良好的仪容仪表是尊重对方、讲究礼貌、互相理解的具体表现(图 4-1-1)。

图 4-1-1

## 任务一 职业化妆

职业妆适用于职业女性的工作特点和社交环境。初入职场,我们应了解规范的职业妆容,这样不仅能赢得别人的好感,还可以使你得到"专业""能干"的认可。

### 一、清洁

清洁是礼仪的基本要求,是仪表美的关键,每个人都应有端庄、美好、整洁的仪表。

#### (一)面部清洁

为了使自己容光焕发,显示活力,应注意面部清洁和适当的修饰。每天要早晚洗脸,清洁附在面部的污垢、汗渍等不洁之物。洗脸时可借助于洗面用品,同时应注意清洗耳朵和脖子。

为了保持面部红润,应多吃蔬菜、水果,多喝水,以保持足够的水分,防止皮肤粗糙干燥。同时要保证足够的睡眠。夏季要及时擦去脸上的汗,不要让其淌在脸上,擦汗时要用纸巾或手帕,不可以用衣袖代替。

## （二）口腔清洁（图 4-1-2）

保护口腔清洁是与人交往所必需的环节，人有一口洁白的牙齿是很美的，黄色或发黑的牙齿在谈笑时会显得不雅。

保持牙齿的清洁，首先要坚持早晚刷牙，清除口腔细菌、饭渣，防止牙石沉积。刷牙时要顺着牙缝的方向上下刷，牙齿的各个部位都必须刷到，刷牙的时间要控制在 3 分钟以上。

不可以当众剔牙；若餐后一定要剔牙，应用手加以掩盖；进餐时，应闭嘴咀嚼，不能发出咀嚼的声音；与人交谈时，嘴角不应有唾沫；工作之前或与人交往前不要吃葱、蒜、韭菜等带有强烈异味的食物，更不能过量饮酒，以免引起他人的反感；不能在人前嚼口香糖。

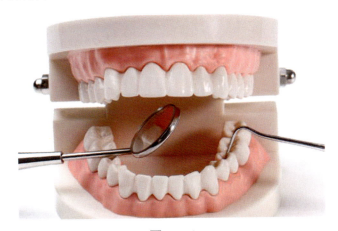

图 4-1-2

## （三）手的清洁

与人交往、执行公务、打电话、就餐时，对方都会看见你的手，并形成一种印象，所以在仪表中手占有很重要的位置。同时，手的清洁与否能反映出一个人的修养与卫生习惯。要随时清洗自己的手，注意修剪与洗指甲，不要留长指甲。对学生来说，留长指甲，既不利于健康，又缺乏时代美。不要涂有色的指甲油。在任何公共场合都不应修剪指甲，也不能摆弄手指，这些都是失礼的行为。有些人有用牙签剔指甲的毛病，这既不卫生，又不雅观。

## 二、美容

人们在社会交往中，美好的容貌是至关重要的。俗话说"三分容貌七分打扮"。在当今社会中，随着人们的生活水平不断提高，化妆已逐渐被越来越多的人所重视。

## （一）选择适当的化妆品（图4-1-3）

皮肤分为中性、油性、干性、混合性、过敏性等类型，较理想的皮肤为中性皮肤，它表面光滑润泽。选择化妆品时首先应确定是何种类型的皮肤，其方法是：晚上洗脸后不用任何化妆品，第二天早晨用软纸巾在鼻翼两侧轻擦，油迹不多者为中性皮肤，油迹过多者为油性皮肤，油迹基本没有者为干性皮肤。皮肤的类型将随着年龄的增长而改变，选择的化妆品种类应该适合自己的皮肤特点。在使用一种化妆品之前应先试用，即在臂上或耳后涂一小片，每隔8小时观察有无红肿、痒痛等过敏反应，24小时之后若无不良反应就可以使用。

图4-1-3

## （二）化妆的方法

### 1. 化妆的程序（图4-1-4）

1）准备阶段

化妆以前，应清洁和保护皮肤，使脸部轮廓更清晰明净，以便更好地进行化妆。

（1）洁肤：将清洁霜或洗面奶涂在脸的各部位，稍做按摩后用水清洗，用毛巾擦干。

（2）护肤：可用膏霜类（适用于油性皮肤）、乳蜜类（适用于中性皮肤，偏干皮肤也可）、冷霜、香脂类（适用于干性皮肤）。在面部均匀涂一层护肤品，可以防止化妆品与皮肤直接接触，起到保护皮肤的作用。

（3）束发：用发带、毛巾或化妆帽把头发束起来、包起来，最好再在肩上披块围巾，这样既可以防止化妆时弄脏头发和衣服，又可以避免散发妨碍化妆，并把脸部轮廓全部显现出来，从而有针对性地化妆。

（4）修眉：用眉钳修整眉型和拔除杂乱的眉毛。

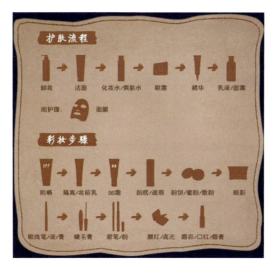

图 4-1-4

2)化妆阶段

(1)抹粉底:可用粉状(适用于油型皮肤和需快速上妆者)、膏状(遮盖力强,可掩瑕疵、改肤色、化浓妆)、液体状(适合中性、干性皮肤,化淡妆)、粉底(粉底起着打基色、调整肤色、掩盖瑕疵的作用,可使皮肤显得细腻、滋润、艳丽)。

(2)画阴影:用阴影膏或阴影粉(深咖啡色、浅咖啡色、本白色阴影粉为基本用色)。将深咖啡色阴影膏或阴影粉抹在不想突出的部位,如宽腮、高额、鼻梁两侧;将本白色抹在想突出的部位,如鼻梁。

(3)画眼线:用灰黑色、咖啡色和黑色眼线笔(日妆用)、黑眼线液(晚妆用),美化、突出眼睛轮廓,修正掩饰眼型缺陷。

(4)上胭脂:用胭脂可以改变脸型的视觉效果,使面色红润美丽。

(5)涂口红:用唇线笔勾出理想的唇形,唇线的颜色略深于唇膏的颜色。唇膏应涂在唇廓线内,唇膏可以改善唇色,修饰嘴形,突出特征。

(6)涂睫毛:用睫毛刷自睫毛根部向外涂,然后用睫毛专用梳同方向梳理。

2. 化妆应注意的问题

(1)化妆的浓淡要视时间、场合而定,工作场合只宜化淡妆。参加晚上的娱乐活动浓妆、淡妆均适宜。外出旅游、参加运动都应化淡妆。

(2)不要在公共场所内化妆,也不要在他人面前化妆,特别是不要在男士面前化妆。若确实需要修饰,要到洗手间去进行。

(3)不要非议他人的妆容。由于民族、文化传统及个人审美情趣的不同,每个人的妆容都是不同的,切不可对他人指指点点、评头论足。

(4)不要借用他人的化妆品,这样既不卫生,又不礼貌。

（5）男士在涉外场合稍加化妆是有必要的，但不要油头粉面，化妆品不宜用得过多。

🔖 **小贴士**

| 化妆部位 | 化妆品 | 化妆工具 |
| --- | --- | --- |
| 面部底妆 | 粉底、散粉 | 粉底刷、化妆海绵、粉扑 |
| 眉毛 | 眉笔、眉粉 | 眉刷、眉刀、眉钳、眉梳 |
| 眼部 | 眼影、睫毛膏、眼线笔 | 睫毛夹、眼影刷、睫毛梳 |
| 面颊 | 腮红、阴影粉 | 腮红刷、阴影粉刷 |
| 唇部 | 唇线笔、唇膏、唇彩 | 唇刷 |

## 任务二　发　型

得体的发饰能增添人的魅力，能使人容光焕发，充满朝气。发型不仅要符合美观、大方、整洁和方便生活的原则，而且要与头发的性质、脸型、体型、年龄、气质、服装以及环境等因素结合起来，才能给人以整体美的形象，也更适合自己的职业特点。

### 一、发型的基本要求

#### （一）职业学校学生的发型

职业学校学生的发型要反映出青年人的精神面貌。应留标准的学生发型，不能烫发，不能留披肩发，更不能剪成怪异的发型。

##### 1.男生发型

男生后面的发际线应在领子以上 1~2 厘米，两边的头发不准盖住耳朵；发型要有层次，不可留中分发型。头发的前额揪下来不能挡住眉毛。学生若以西服的样式为校服不可留寸头。另外，男生不要用摩丝、发胶来定型头发（图 4-2-1）。

图 4-2-1

## 2. 女生发型

女生发型后面的发际线应在耳下 2~3 厘米,"刘海"不能超过眉毛,可梳成扣边或短发,也可以梳成运动式,底端可剪出层次。一般在参加礼仪活动时可用摩丝、发胶定型,以展示女子的端庄、文雅、大方的气质(图 4-2-2)。

图 4-2-2

### (二)商务发型

#### 1. 男士的发型

男士的头发长度以 5~7 厘米为好。发型的选择要与脸型相适应。脸长的人不宜留短发;下巴丰满的人可以把鬓角朝上梳一些;下巴较方的人可以留 2~3 厘米的鬓发。男士在参加社交活动或穿西装外出时,应将发型梳理整齐,吹风定型。

#### 2. 女士的发型

女士的发型应与脸型相配。

(1)圆脸型。前额的头发要高起来,不留过长、过齐的刘海,两边的头发应贴服,不要蓬起。

(2)椭圆形脸。被称为东方女性的最佳脸型,也称鸭蛋脸、瓜子脸,可配任何发型。

(3)长脸型。可适当地用刘海掩盖前额,青年人可留齐刘海,头缝不可中分。如果头发卷曲,可将两侧的发角外翻,从而增加脸型的横向比例。

(4)方形脸。可将方阔的额头用刘海遮住,削去棱角,两侧的头发要稍长一些或烫一下,使脸型趋向于圆润,达到椭圆形脸的效果。

(5)菱形脸。应使两侧头发厚度大一些,用"刘海"遮住前额,可以适用蘑菇式发型。

(6)三角形脸。发型应尽可能增加额头两侧的厚度,可采用侧分发式掩盖尖窄额头的缺陷。头发不要向后背。

#### 3. 发型的选择与体型的关系

(1)矮胖型的人不宜留披肩发,头发也不可烫得过于蓬松,应留轻便的运动式发型或将头发盘起来露出脖子,以从视觉上增加身高。

（2）高瘦型的人不宜留削得很短的发型或将头发高高盘起，可留长发、直发、大波浪的卷发。

（3）矮小型的人不宜留披肩发，可剪成超短式，或将头发高盘于头顶，增加高度，给人以向上提的感觉。

（4）高大型的人以短直发为好，也可留大波浪的卷发或直发，显得自然大方。

无论男士还是女士，在社会交往过程中，可根据关系的密切程度来选择发型。如果是常来常往的朋友，只要大方整洁就行了，过分的修饰会冲淡融洽的气氛。参加舞会，应尽可能打扮得华丽一些，可以把平时不宜梳的发型展示出来，尽量地表现自己，以适应舞会气氛。参加婚礼时，客人可以梳理得漂亮一些，以示对新婚夫妇的祝贺，但不可喧宾夺主；新郎应表现出男子汉的庄重风度，一般选绅士发型；新娘应体现出高雅庄重、雍容华贵的气质，可采用立卷式发型、发髻式发型、海燕式发型。政府工作人员、外事人员的发型应注意男士不留长发，一般也不烫发，但可适当地进行局部的修饰；女性不烫大波浪的发型。专业部门人员的日常发型还应与职业形象相协调。一般来说，头发清洁整齐、色泽统一、不打结、不分叉，都是基本要求。

## 二、头发的保养与护理

头发有保护头皮、缓冲撞击、防止意外伤害和冬天保暖、夏天避晒以及避免蚊虫叮咬、调节体温等作用。同时，头发更是仪表美的重要组成部分。要想如愿以偿地拥有一头秀发，必须懂得一些头发保养与护理的知识和技巧。根据头发的性质和弹性不同，可以把头发分为五种类型。

（1）粗而硬、富有弹性的"刚发"。无论男女都不适宜留长发。

（2）发丝细软、弹性较差的"棉发"。这种类型的头发可以梳成任意发型。梳短发时，女性宜留齐眉穗，烫发时宜卷各种花型，并略长些，给人一种温柔的美。

（3）油脂较多、抗侵蚀力不够稳定的"油发"。这类头发选择的发型应便于清洗，留短发时要修剪出层次。

（4）容易干燥、蓬松的"沙发"。这种类型的头发可留长或短发，但不宜梳成平直的短发，若要烫发，则需做成较大的波纹。

（5）自然形成卷曲状的"卷头"。这种类型的头发适宜梳长发，展现自然之美。

### （一）头发的保养

#### 1. 饮食美发

中国人的头发以乌发为美，黑色更是青春的标志之一。从中医理论上讲，肾气盛则发乌黑有光泽，肾气虚则发稀而枯黄。所以美发应从补肾入手，多吃些含有维生素、微量元素、蛋白质的食物，如绿色蔬菜、水果、鱼肉、鸡肉、猪肉等。头发枯黄或过早变白，应多吃动物的肝脏、黑芝麻、核桃、葵花籽、黄豆等；头发脱落过多应补充蛋白质以及钙、铁、硫等多种微量元素，如黑豆、蛋、奶、松仁等食物；头皮屑过多可吃含碘丰富的食物，如紫菜、海带、海鱼等（图4-2-3）。

图 4-2-3

### 2. 科学洗头

洗发应根据头发的不同性质来确定洗发周期和选择洗发用品。

在自然环境较好的条件下，油性头发以每天洗一次为宜，选择去油作用强的洗发剂；干性头发最好2~3天洗一次，宜选择含有蛋白质的营养型洗发剂。

洗发时，水温以40℃为宜，不可太烫。头发用水浸湿、浸透，然后涂抹发剂，从发根至发梢反复洗涤、梳理，再用清温水冲洗干净，然后，用毛巾将头发拍干，用宽齿梳子轻轻梳理，排除缠结，理顺发丝可用吹风机吹干。

### （二）头发的护理

头发的护理既可以按照头发的不同性质，又可以按照不同季节或人的不同生理阶段来采取适当的护理方式，人的精神是否愉快也对头发的秀美有影响。

## 任务三 着装礼仪

在社会交往中，人们的服饰在一定程度上反映着一个人的社会地位、身份、职业、收入、爱好、个性、文化素养和审美品位，是一种特殊的"身份证"。同时，它还体现着民族的习俗和社会的风尚。作为职业学校的学生，得体的着装修饰更是人与人传递思想、交流情感的"非语言信息"。从这个意义上说，服饰也就有了社交礼仪的性质和功能。

## 一、服饰礼仪的 TPO 原则

服饰着装的 TPO 原则是世界通行的着装打扮最基本的原则。TPO 是英文 time（时间）、place（地点）、object（目的）三个单词的缩写。TPO 原则是指人们的穿着打扮要兼顾时间、地点、场合，并与之相适应，它要求人们的服饰应力求和谐，以和谐为美。着装要与时间、季节相吻合，符合时令；要与所处场合环境，与不同国家、区域、民族的不同习俗相吻合，符合着装人的身份；要根据不同的交往目的、交往对象选择服饰，给人留下良好的印象（图 4-3-1）。

图 4-3-1

### （一）着装应与自身条件相适应

选择服装首先应该与自己的年龄、身份、体形、肤色、性格和谐统一。年长者、身份地位高者，选择服装款式不宜太新潮，应选择款式简单面料考究的服装。青少年着装则着重体现青春气息，朴素、整洁为宜。形体条件对服装款式的选择也有很大影响。身材矮胖、颈粗圆脸型者，宜穿深色低 V 字形领、大 U 字形领套装，浅色高领服装则不适合。而身材瘦长、颈细长、长脸型者宜穿浅色、高领或圆领服装。方脸型者宜穿小圆领或双翻领服装。身体匀称、形体条件好、肤色也好的人，着装范围则较广，可谓"淡妆浓抹总相宜"。

### （二）着装应与职业、场合、交往目的、交往对象相协调

着装要与职业、场合相宜，这是不可忽视的原则。工作时间着装应遵循端庄、整洁、稳重、美观、和谐的原则，这样能给人以愉悦感和庄重感。着装应与交往对象、交往目的相适应。与外宾、少数民族同胞相处，要特别尊重他们的习俗与禁忌。

## 二、色彩搭配

色彩搭配理论是近些年开始流行的一种色彩与服饰礼仪搭配的理念。该理论认为人天

生的色彩属性决定着一个人装扮中的用色依据。但是，每个人并不是只有天生的色彩属性，还会有各自不同的生活环境、社会地位、性格气质等后天影响选色配色的因素。生活中人们会面临各种场合，每个人都有了解不同场合该如何着装的需求。一个人在找出自己的色彩属性以后，要根据自己的职业、身材、性格等，结合不同的时间、地点、情况等因素来搭配用色。作为职业学校的学生，只有首先了解属于自己的天生色彩，再将色彩搭配理念与自身工作生活环境相结合，才能穿出适应不同场合要求的属于自己的服饰风格。

### （一）色彩的象征意义

不同的色彩有着不同的象征意义：暖色调——红色象征热烈、活泼、兴奋、富有激情；黄色象征明快、鼓舞、希望、富有朝气；橙色象征开朗、欣喜、活跃。冷色调——黑色象征沉稳、庄重、冷漠、富有神秘感；蓝色象征深远、沉静、安详、清爽、自信而幽远。中间色——黄绿色象征安详、活泼、幼嫩；红紫色象征明艳、夺目；紫色象征华丽、高贵。过渡色——粉色象征活泼、年轻、明丽而娇美；白色象征朴素、高雅、明亮、纯洁；淡绿色象征生命、鲜嫩、愉快和青春等（图4-3-2）。服装的色彩是着装成功的重要因素。

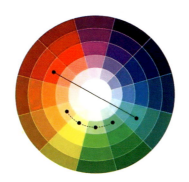

图 4-3-2

### （二）服装的色彩搭配

服装配色以"整体协调"为基本准则。全身着装的颜色搭配最好不超过三种颜色，而且以一种颜色为主色调，颜色太多则显得乱而无序、不协调。灰、黑、白三种颜色在服装配色中占有重要位置，几乎可以和任何颜色相配并且都很合适。着装配色和谐的几种比较保险的办法：一是上下装同色，即套装，以饰物点缀；二是同色系配色，利用同色系中深浅、明暗度不同的颜色搭配，整体效果比较协调；三是对比色搭配，利用对比色搭配（明亮度对比或相互排斥的颜色对比），运用得当，会有相映生辉、令人耳目一新的亮丽效果。

## 三、男士正装礼仪

男士正装是指适用于严肃场合的正式服装，包括西装、中山装等。在现代社会，西装被看作是一种国际性正统服装，是职业人士在正式场合的首选服装。

## （一）男士着装的基本礼仪

（1）三色原则：全身的服装颜色不超过三种。

（2）三一定律：在重要场合，鞋子、腰带、公文包是一个颜色，多以黑色或深棕色为主，黑色为首选。

（3）三大禁忌：忌保留袖子上的标签，忌穿尼龙袜和白色袜子，忌在正式场合穿夹克打领带。

## （二）西装

西装又称西服、洋服。它源于欧洲，目前是全世界最流行的一种服装，也是男士的正装、礼服。穿着西装必须在西装的选择、西装的穿法、西装的搭配三个主要方面循规蹈矩，严守相关的礼仪规范（图4-3-3）。

图 4-3-3

### 1. 西装的款式

按照件数划分，西装分为单件和套装。单件西装仅适用于非正式场合。在正式社交场合所穿的西装，必须是西装套装。西装套装分为两件套和三件套。两件套西装包括一衣一裤。三件套西装包括一衣、一裤和一件背心。按照传统观点，三件套西装比两件套西装显得更正规。

按照西装上衣的纽扣数量来划分，西装上衣分为单排扣和双排扣。单排扣的西装上衣比较传统。最常见的有一粒纽扣、两粒纽扣和三粒纽扣三种。一粒纽扣和三粒纽扣的单排扣西装上衣穿起来比较时尚，而两粒纽扣的单排西装上衣就显得更为正统一些。双排扣的西装上衣比较时尚。最常见的有两粒纽扣、四粒纽扣、六粒纽扣三种。两粒纽扣和六粒纽扣两种款式的双排扣西装上衣属于流行的款式，而四粒纽扣的双排扣西装上衣具有传统的风格。

### 2. 西装与场合、自身的匹配

在西装的穿着场合中，作为职业学校的学生，应该明确西装是正式场合着装的优先选择。

但在不同的场合，西装的穿着与搭配是有一定规则的。按照国际惯例，参加正式、隆重的宴会，欣赏高雅的文艺演出时，应该穿西装。如从礼仪上讲，西装纽扣下一粒不扣表示对所参加场合（如谈判、重大会议等）的重视，或对他人的尊重；完全不系扣，则显得过于随意。

西装的选择要与自身的色彩相匹配。按照对中国男士头发、眼睛和皮肤颜色的划分，可以分为以下四种。

（1）深色型。这类男士有暗色的头发和眼睛，黄色到棕黑色的东方肤色比较符合国人的特征。这类人选择深色的西装，对比强烈的色彩搭配更能显得健康有生气。当下流行的炭灰色、炭褐色、深蓝色、深橄榄色西装都是不错的选择。

（2）淡色型。这类男士面孔白皙，浅色头发和眼睛。需注意穿着色彩不必过深过灰，或采用过渡色衬衫等调节平衡，以免影响面色。单一色或夹灰色条纹的西装会显得优雅，炭色、蓝灰色、浅蓝色、灰色以及褐色系列都是可选的。

（3）明净型。这类男士本身的色调对比很强烈，头发、眼睛色彩很深，皮肤却很白皙。这种男士适合色彩鲜艳、色调丰富的衣服，所以适合单一色或有对比强烈条纹的西装，炭灰色、藏青色、炭棕色以及深橄榄绿色或深绿色的西装。

（4）暗色型。这类男士看来比较缺乏特征，头发、眼睛、肤色都比较中庸，选择中暗色服饰可以体现出优雅气度。炭灰色、浅藏蓝色、灰绿色、灰褐色、炭蓝绿色系列等都可以。

### 3. 西装的选择

挑选一套适用于社交的西装，需要关注其面料、色彩、图案、款式、造型、尺寸、做工七个方面。

（1）关注面料。鉴于西装在社交活动中往往充当正装或礼服之用，因此，其面料的选择应力求高档。毛料应为西装首选的面料。纯毛、纯羊绒的面料以及高比例含毛的毛涤混纺面料，皆可用作西装的面料。而不透气、不散热、发光、发亮的各类化纤面料，则尽量不要用于制作西装。以高档毛料制作的西装，大都具有轻、薄、软、挺四个方面的特点。

（2）关注色彩。男士西装往往作为司礼人员的制服。因此，西装的具体色彩必须显得庄重、正统。蓝色、灰色或棕色为首选。黑色的西装也可予以考虑，不过它更适于庄严肃穆的礼仪性活动之中穿着。司礼人员不宜穿色彩过于鲜艳或发光、发亮的西装。

（3）关注图案。西装一般以无图为好。不要选择绘有花、鸟、鱼、虫、人等图案的西装，更不要自行在西装上绘制或刺绣图案、标志、字母、符号等。在着装异常考究的欧洲国家，最体面的西装往往就是深灰色的、条纹细密的竖条纹西装。

（4）关注款式。与其他服装一样，西装也有自己的不同款式。要根据自身的情况选择西装款式。个子高的人适合欧美款式，个子矮瘦的人适合穿日式西装。

（5）关注造型。西装的造型又称西装的版型，它所指的是西装的外观形状。比较流行的有美版、欧版、日版。

（6）关注尺寸。穿着西装，务必要令其大小合身，宽松适度。一套西装，无论其品牌名气有多大，只要它的尺寸不适合自己，就坚决不要穿它。

（7）关注做工。一套名牌西装与一套普通西装的显著区别，往往在于前者的做工无可挑剔，而后者的做工较为一般。在选择西装时，对其做工精良与否的问题是不可以忽略的。

### 4. 西装穿着步骤

（1）拆除商标。穿西装前，要把上衣左袖口的商标或标志拆掉。

（2）扣好纽扣。穿西装时上衣纽扣的系法讲究最多。大庭广众之下起身站立后，上衣的纽扣应系上。就座后，上衣纽扣可以解开，以防衣服走样。如果是单排扣上衣，里面穿了背心或羊毛衫，站的时候可以不系扣子。通常，系西装上衣纽扣的时候，单排两粒纽扣的只系上边那粒。单排三粒纽扣的可以只系中间的或是上中两粒扣子。但双排扣西装要求把所有能系的纽扣全部系上。西装背心只能和单排扣西装上衣配套。

（3）避免卷挽。不可以当众随心所欲地脱下西装上衣，也不能把衣袖挽上去或卷起西装的裤筒，否则就显得粗俗、失礼。

（4）减负。为使西装的外观不走样，西装口袋要少装甚至不装东西。

（5）掌握四不要。衣袖不要过长，衣领不要过高，雨天不要穿西装，不要只穿一套。

（6）注意搭配。西装的标准穿法是内穿衬衫，衬衫内不穿棉纺或毛织的背心、内衣。如果确实需要在衬衫内穿其他衣物的时候，以一件为限，否则会显得很臃肿。内衣的领口和袖口要比衬衫的领口低，以免外露。冬天里也最好穿上一件V字形领的单色羊绒衫或羊毛衫，这样既不显得花哨，也可以打领带。西装的韵味不是仅靠穿出来的，而是和其他衣饰一起精心组合搭配出来的，主要有西装和衬衫、领带、鞋袜的组合搭配。

## 四、女士正装礼仪

对于职业学校的女生，服饰穿着首要的是讲究端庄稳重，打扮过于时髦并不能给人留下好的印象。

### （一）女士着装的基本礼仪

（1）整洁平整。服装并非一定要高档华贵，但须保持清洁，并熨烫平整，穿起来就能大方得体，显得精神焕发。整洁并不完全是为了自己，更是尊重他人的需要，这是良好仪态的第一要务。

（2）色彩技巧。不同色彩会给人不同的感受，如深色调或冷色调的服装让人产生视觉上的收缩感，显得庄重严肃，而浅色调或暖色调的服装会有扩张感，使人显得轻松活泼。

（3）配套齐全。除了主体衣服之外，鞋袜、手套等的搭配也要多加考究。如袜子以透明近似肤色或与服装颜色协调为好。正式、庄重的场合不宜穿凉鞋或靴子，黑皮鞋是适用最广的，可以和任何服装相配。

（4）饰品点缀。巧妙地佩戴饰品能够起到画龙点睛的作用，给女士增添色彩。但是佩戴的饰品不宜过多，否则会分散对方的注意力。佩戴饰品时，应尽量选择同一色系。佩戴首饰最关键的就是要与你的整体服饰搭配统一起来。

### （二）套裙

#### 1. 套裙的选择

根据礼仪规范，正规的套裙（图4-3-4）必须具备如下特色：由高档面料缝制，上衣与裙子应当采用同一质地、同一色彩的素色面料。在造型上讲究为着装者扬长避短，因此提倡量体裁衣、做工考究。它的上衣注重平整、挺括、贴身，较少使用饰物、花边进行点缀。裙子则应以窄裙为主，并且裙长应当及膝或者过膝。故在对套裙进行选择时，我们应关注以下七个要点。

图 4-3-4

（1）面料。总体上说，套裙在面料上的选择余地远远要比西装套装大得多。套裙所选用的面料，讲究的是匀称、平整、滑润、光洁、丰厚、柔软、悬垂、挺括。不仅弹性、手感要好，而且应当不起皱、不起毛、不起球。

（2）色彩。在色彩方面，套裙的基本要求是应当以冷色调为主，借以体现出着装者的典雅、端庄与稳重。具体而言，标准而完美的套裙色彩，不仅要兼顾着装者的肤色、体型、年龄与性格，而且更与着装者从事商务活动的具体环境协调一致。穿套装时，可以考虑采用与其色彩不同的衬衫、领花、丝巾、胸针、围巾等衣饰。

（3）图案。女性在正式场合穿着的套裙，可以不带有任何图案。如果本人喜欢或宽或窄的格子、或大或小的圆点、或明或暗的条纹为主要图案的套裙，都可以尝试。套裙不应以花卉、宠物、人物、文字、符号为主体图案。

（4）点缀。在一般情况下，套裙上不宜添加过多的点缀，否则极有可能会使其显得琐碎、杂乱、低俗和小气。套裙上的点缀宜少不宜多、宜精不宜糙、宜简不宜繁。

（5）造型。套裙的造型，具体是指它的外观与轮廓。从总体上来讲，造型的基本轮廓可以大致上分为"H"型、"X"型、"A"型、"Y"型四种类型。

"H"型造型套裙的主要特点是：上衣较为宽松，裙子也多为筒式。这样看来，上衣下裙便给人以直上直下、浑然一体之感。它既可以让着装者显得优雅、含蓄，也可以为身材肥胖者遮丑。

"X"型造型套裙的主要特点是：上衣多为紧身式，裙子则大都是喇叭式。实际上，它是以上宽与下松来有意识地突出着装者腰部的纤细。此种造型的套裙轮廓清晰生动，可以令着装者看上去婀娜多姿、楚楚动人。

"A"型造型套裙的主要特点是：上衣为紧身式，裙子为宽松式。此种上紧下松的造型，

既能体现着装者上半身的身材优势,又能适当地遮掩其下半身的身材劣势。不仅如此,它还在总体造型上显得松紧有致、富于变化和动感。

"Y"型造型套裙的主要特点是:上衣为松身式,裙子多为紧身式,并且以筒式为主。它的基本造型实际上就是上松下紧。一般来说,它意在遮掩着装者上半身的短处,同时突出下半身的长处。此种造型往往会令着装者看上去亭亭玉立、端庄大方。

### 2. 套裙穿着注意事项

在穿着套裙时,需要注意的主要问题大致有以下五个。

(1)套裙应当大小适度。一套做工精良的套裙,穿在一位白领丽人的身上,无疑会为之平添魅力。通常认为,套裙之中的上衣最短可以齐腰,而其中的裙子最长则可以达到小腿的中部,上衣不可以再短,裙子也不可以再长。否则,便会给人以勉强或者散漫的感觉。特别应当注意,上衣的袖长以恰恰盖住着装者的手腕为好。

(2)套裙应当穿着到位。在穿套裙时,必须依其常规的穿着方法,认真穿好,令其处处到位。尤其要注意:上衣的领子要完全翻好,衣袋的盖子要拉出来盖住衣袋;不允许将上衣披在身上,或者搭在身上;裙子要穿得端端正正,上下对齐之处务必对好。在正式场合露面之前,女性一定要抽出一点时间仔细地检查一下自己所穿衣裙的纽扣是否系好、拉锁是否拉好。女性在正式场合穿套裙时,上衣的衣扣要全部系上。

(3)套裙应当考虑场合。商界佳丽尽管与套裙非常般配,但是并不意味着不论做什么事情都可以以套裙来应付。女士在各种正式的商务交往场合之中,一般以穿着套裙为好。女士在出席宴会、舞会、音乐会时,可酌情选择与此类场面相协调的礼服或时装。女士在外出观光旅游、逛街购物,或者进行锻炼健身时,以穿着休闲装、运动装等便装为宜。

(4)套裙应当协调妆饰。高层次的穿着打扮,讲究的是着装、化妆与风格统一,相辅相成。因此,在穿着套裙时,女性必须具有全局意识,将其与化妆、佩饰一起通盘考虑。

就化妆而言,女性在穿套裙时的基本守则是:既不可以不化妆,也不可以化浓妆。就佩饰而言,女性在穿套裙时的主要要求是:以少为宜,合乎身份。在工作时,可以不佩戴首饰。穿套裙的女性在佩戴首饰时,必须兼顾自己的职业女性这一身份。不佩戴过度张扬的耳环、手镯、脚镯等首饰。

(5)套裙应当兼顾举止。穿上套裙之后,女性要站得又稳又正。就座以后,务必注意姿态,切勿将腿分开过大或是翘腿抖脚,甚至当众脱鞋。

## 五、不同场合着装

### (一)社交场合

在一些特定的社交场合,礼仪人员的穿着应遵守下列礼仪规范:参加宴会这类较为隆重、正规的社交场合时,着装应讲究。男性可穿颜色深一点的西装,配以白色的衬衣和领带;女

## 项目四　形象礼仪

性可穿套裙或旗袍，颜色以高雅艳丽为宜。而在参加如音乐会等场合时，因为气氛较活跃，可穿套装，也可穿色彩、图案活泼一些的服装。

男士参加正式舞会的传统着装是白色领结和大燕尾服。黑领结和小燕尾服一样能够被各种舞会所接受。女性传统晚礼服款式强调窈窕的腰肢，夸张臀部以下裙子的重量感，肩、胸、臂的充分展露，为华丽的首饰留下表现空间。如：低领口设计，以装饰感强的设计来突出高贵优雅，有重点地采用镶嵌、刺绣、领部细褶、华丽花边、蝴蝶结、玫瑰花，给人以古典、正统的服饰形象。传统晚礼服面料以夜晚交际为目的，为迎合夜晚奢华、热烈的气氛，选材多是丝光面料、闪光缎等一些华丽、高贵的材料。在饰品上可选择珍珠、蓝宝石、祖母绿、钻石等高品质的配饰，也可选择人造宝石。鞋多配高跟细襻的凉鞋或修饰性强、与礼服相宜的高跟鞋，多选用漆皮、软革、丝绒、金银丝混纺材料，如果脚趾外露，就得与面部、手部的化妆同步加以修饰。穿着裤装通常是不允许的，除非这种女裤的设计非常精致，看起来和正式的舞会女裙一样得体。

### （二）工作场合

学生在工作场合中一般穿着制服。穿着制服应注意以下四个方面的问题。

（1）要忌脏。穿着制服时，必须努力使它保持干净而清爽的状态。制服必须无异味、无异物、无异色、无异迹。

（2）要忌皱。穿着制服时，要求整整齐齐、外观完好。穿制服时，不要乱倚、乱靠、乱坐等。

（3）要忌破。在一般情况下，制服一旦在外观上发生明显的破损，如掉扣、开线或形成破洞，就不宜在工作岗位上继续穿着。

（4）要忌乱。如果单位规定全体员工着制服上班，每一名商务人员都必须认真遵守此项规定。

## 任务四　饰品礼仪

### 一、男士正装配饰

男士穿着西装时，要与衬衫、领带、鞋袜和公文包组合搭配。服务人员作为年轻人，故西装最好选择单排扣的成套西装。因为双排扣西装更适合比较成熟的人士穿着，而休闲西装和不配套的西装又显得不够庄重。

#### （一）衬衫

正装衬衫是西装的必备搭配。正装衬衫需要具备下述几个方面的特征。

（1）从面料上讲，正装衬衫主要以纯棉、纯毛制品为主。以棉、毛为主要成分的混纺衬衫也可酌情选择。不要选择以条绒布、水洗布、化纤布制作的衬衫，因为它们要么过于厚实，要么易于起皱，要么起球起毛，用真丝、纯麻做成的衬衫也不宜选择。

（2）从色彩上讲，正装衬衫必须为单一色彩。在正规的商务场合，白色衬衫可谓商界人士的最佳选择。除此之外，蓝色、灰色、棕色、黑色衬衫有时也可考虑。但是，杂色衬衫或者红色、粉色、紫色、绿色、黄色、橙色等穿起来有失庄重之感的衬衫，则是不可取的。

（3）从图案上讲，正装衬衫以无任何图案为佳。印花衬衫、格子衬衫以及带有人物、动物、植物、文字、建筑物图案的衬衫均非正装衬衫。唯一例外的是，较细的竖条衬衫在一般性的商务活动中可以穿着。但是，不能同时穿着竖条纹的西装。

（4）从衣领上讲，正装衬衫的领型多为方领、短领和长领。具体进行选择时，须兼顾本人的脸型、脖长以及领带结的大小，不宜使它们之间的反差过大。扣领的衬衫有时也可选用。立领、翼领和异色领的衬衫不适合同正装西服相配套。

（5）从衣袖上讲，正装衬衫必须为长袖衬衫，短袖衬衫则具有休闲性质。以其袖口而论，衬衫又有单层袖口与双层袖口之别，后者又称法国式衬衫，主要的作用是可以佩戴装饰性袖扣。

### （二）领带

领带（图4-4-1）是搭配西装的最重要的饰物。在欧美各国，领带与手表和装饰性袖扣并列，称为"成年男子的三大饰品"。一条打得漂亮的领带，能够发挥画龙点睛的作用。要打好领带，就务必要注意场合、服装、位置、结法、长度、配饰等几点要求。

图 4-4-1

（1）要注意场合。打领带有其适用的特定场合。因为打领带便意味着郑重其事，因此在上班、办公、开会或走访等执行公务的场合，以打领带为好。在参加宴会、舞会、音乐会时，为表示尊重主人，也可打领带。在休闲场合，通常不必打领带。

（2）要注意服装。打领带，必须注意与之配套的服装。一般而言，穿西装套装时须打领

带，穿单件西装时可不打领带。在非正式活动中穿西装背心时，可以打领带。不穿西装时，不宜打领带。

（3）要注意位置。将领带打好后，须将其置于适当的位置。穿西装上衣与衬衫时，应将其置于二者之间，并令其自然下垂。在西装上衣与衬衫之间加穿西装背心或羊毛衫、羊绒衫时，应将领带置于西装背心、羊毛衫、羊绒衫与衬衫之间。不要在穿两件羊毛衫或羊绒衫时将领带掖在两者中间。

（4）要注意结法。领带打得漂亮与否，关键在于领带结打得如何。打领带结的基本要求是要令其挺括、端正，外观上呈倒三角形。领带结构的具体大小最好与衬衫衣领的大小形成正比。打领带时，最忌讳领带结不端不正、松松垮垮。在正式场合露面时，须提前收紧领带结。

（5）要注意长度。领带打好后，须长短适度。最标准的长度是，领带打好之后，下端的大箭头正好抵达皮带扣的上端。

（6）要注意配饰。在领带打好后的"黄金分割点"上使用领带夹，即衬衫自上而下的第四粒至第五粒纽扣之间。

### （三）鞋袜

选择与西装相配套的鞋子，只能选择皮鞋。布鞋、球鞋、旅游鞋、凉鞋或拖鞋都是与西装"互相抵触"的。与西装相配套的皮鞋，一般来说，牛皮鞋与西装最为般配。皮鞋的款式上应当没有任何图案、装饰。颜色以黑色为主，深棕色也可以考虑。

穿西装、皮鞋时所穿的袜子最好是纯棉、纯毛制品。袜子的颜色以深色、单色为宜，并且最好是黑色的。不可穿与西装、皮鞋的色彩对比鲜明的白色袜子，也不要穿彩袜、花袜或者其他浅色袜子。

### （四）公文包

公文包（图4-4-2）被称为男士的"移动式办公桌"。对穿西装的男士而言，外出办事时手中若是少了一只公文包，未免会使其神采和风度大受损害，而且其身份往往也会令人质疑。

公文包的选择有许多特定的讲究。面料应以真皮为宜，并以牛皮、羊皮制品为最佳。色彩以深色、单色为好。在常规情况下，黑色、棕色的公文包是最正统的选择。男士所用的公文包在外表上不宜带有任何图案、文字，否则是有失自己身份的。最标准的公文包是手提式的长方形公文包。

图 4-4-2

## 二、女士正装配饰

重视饰物与人及服装色彩间的协调，才能使饰物与人、衣、色彩相得益彰。

在涉及套裙的搭配问题时，主要应当考虑衬衫、内衣、衬裙、鞋袜、首饰、手提包的选择是否适当。

### （一）衬衫

与套裙配套穿着的衬衫有很多的讲究。从面料上讲，主要要求轻薄，真丝、麻、府绸、罗布、花瑶、涤棉等都可以用作其面料。从色彩上讲，要求雅致而端庄，不失女性的妩媚。除了作为"基本型"的拆色之外，其他各式各样的色彩，包括流行色在内，只要不是过于鲜艳，与所穿套裙的色彩相互排斥，均可用作衬衫的色彩。同时，要有意识地注意，衬衫的色彩与所穿套裙的色彩相搭配，外深内浅或外浅内深，形成深浅对比。

### （二）内衣

在穿着套裙时，按照惯例，须对所穿的内衣慎加选择，并注意其穿着之法。一套内衣由胸罩、内裤、束腹带、吊袜带构成。

在内衣的穿着方面，女性必须注意如下四点：一是内衣一定要穿。二是内衣不宜外穿。有人为了显示自己新潮，在穿着套裙时索性不穿衬衫，而直接代之以连胸式衬裙、文胸。此种出格的穿法是非常不雅的。三是内衣不准外露。四是内衣不准外透。

### （三）衬裙

衬裙特指穿在裙子之内的裙子。一般而言，女性穿套裙时，须穿衬裙。选择衬裙时，可以考虑各种面料，以透气、吸湿、单薄、柔软者为佳。过于厚重或过于硬实的面料，通常不宜用来制作衬裙。穿衬裙时，应注意：一是衬裙的裙腰不可高于套裙的裙腰。二是应将衬衫下摆掖入衬裙裙腰与套裙裙腰二者之间，不可将其掖入衬裙裙腰之内。

### （四）鞋袜

鞋袜被称为女性的"腿部景致"或"足上风光"。有人曾言"欲了解一位女性的服饰品位，看一看她所穿的鞋袜即可"。选择鞋袜时，首先应注意其面料。女性所穿的用以与套裙配套的鞋子，以皮鞋为宜。鞋袜的色彩，则有许多特殊的要求。与套裙配套的皮鞋，以黑色最为正统。此外，与套裙色彩一致的皮鞋也可选择。

穿套裙时，需注意鞋、袜、裙三者之间的色彩是否协调。一般认为，鞋、裙的色彩必须深于或略同于袜子的色彩。与套裙配套的鞋子，宜为高跟、半高跟的船式皮鞋或盖式皮鞋。系带式皮鞋、丁字式皮鞋、皮靴、皮凉鞋等都不宜选择。高筒袜与连裤袜则是与套裙的标准搭配。中筒袜、低筒袜不宜与套裙同时穿着。

### （五）首饰

首饰的种类很多，常用首饰主要有戒指、项链、手镯、胸针等（图4-4-3）。首饰的佩戴应遵循一定的礼节。佩戴首饰应注意以下礼节。

（1）应当遵从传统和习惯，在社交场合，不要为了标新立异而佩戴首饰。

（2）不要使用粗制滥造的物品。

（3）佩戴首饰要注意场合。上班期间应不戴或少戴首饰。运动、旅游、出门拜访时不宜戴太多的首饰。

（4）佩戴首饰必须考虑性别差异。一般情况下，女士可戴两种或两种以上首饰，而男士只宜佩戴结婚戒指一种首饰。

（5）佩戴戒指的规范。首饰中，戒指的戴法最为讲究。戒指一般戴在左手上。戴在不同的手指上传递着不同的信息，表示着不同的寓意。戴在食指上，表示尚未恋爱，正在求偶；戴在中指上，表示有意中人，正在恋爱；戴在无名指上表示已订婚或已结婚；戴在小指上，则表示独身。佩戴两枚或两枚以上的戒指是不妥的。有人中指和无名指同时戴着戒指，则表示已婚并且夫妻关系很好。大拇指一般不戴戒指。

图 4-4-3

## （六）手提包

手提包的风格要稳重。不要把包塞得很满，应充分利用它作为公文包带在身边。年轻女子提上很有韵味的手提包显得比较干练。选择手袋（包）要考虑衣服的颜色，白色或黑色手袋可搭配任何颜色的衣服。身材高大的女性不宜用太小的包；身材较矮的女性，不宜用过大的包。

**拓展训练**

1. 练习设计自己的职业妆容。
2. 选择适合自己的职业装，并上传图片到交流群分享。
3. 在日常生活中，注意配饰的选择。

**素养提升**

### 中 山 装

中山装是以中国革命先驱者孙中山先生的名字来命名的一种男士套装，很多著名人物都常穿着中山装。

## 礼仪规范与训练

中山装由于孙中山先生的提倡，也由于它的简便、实用，自辛亥革命起，便和西服一起开始流行。1912年中山装被定为礼服，修改了造型，并赋予了新的含义。立翻领，对襟，前襟五粒纽扣，四个贴袋，袖口三粒纽扣，后背不破缝。这些形制其实是有讲究的，根据《易经》中周代礼仪等内容寓以意义。

其一，前身四个口袋表示国之四维（礼、义、廉、耻），袋盖为倒笔架，寓意为以文治国。

其二，前襟五粒纽扣寓意区别于西方三权分立的五权分立（行政、立法、司法、考试、监察）。

其三，左右袖口的三粒纽扣则分别寓意三民主义（民族、民权、民生）和共和的理念（平等、自由、博爱）。

其四，后背不破缝，寓意国家和平统一之大义。

其五，衣领定为翻领封闭式，寓意严谨治国的理念。

## 深  衣

深衣属于汉服，起源于虞朝的先王有虞氏，把衣、裳连在一起包住身子，分开裁但是上下缝合，因为"被体深邃"，因而得名。通俗地说，就是上衣和下裳连在一起，用不同色彩的布料作为边缘（称为"衣缘"或者"纯"）。其特点是使身体深藏不露，雍容典雅。现代人文学者建议将深衣作为中华地区的汉服来推广，作为汉族文化的代表。

《五经正义》中认为："此深衣衣裳相连，被体深邃。"且具体形制的每一部分都有极深的含义，而"深意"的谐音即为"深衣"。如在制作中，先将上衣下裳分裁，然后在腰部缝合，成为整长衣，以示尊祖承古。

深衣象征天人合一、恢宏大度、公平正直、包容万物的东方美德。袖根宽大，袖口收祛，象征天道圆融；领口直角相交，象征地道方正；背后一条直缝贯通上下，象征人道正直；下摆平齐，象征权衡；分上衣、下裳两部分，象征两仪；上衣用布四幅，象征一年四季；下裳用布十二幅，象征一年十二月。身着深衣，自然能体现天道之圆融，怀抱地道之方正，身合人间之正道，行动进退合权衡规矩，生活起居顺应四时之序。

至少从司马光所制的"温公深衣"开始，深衣面料就多为白纻细布，而腰带从出土文物和容像上可以看出为大带。

《礼记·深衣》中明确记载了因家庭状况不同，制作深衣时所选择的边缘用料不同。

具父母、大父母，衣纯以缋。（如果父母、祖父母都健在，以花纹布料为衣缘。）

具父母，衣纯以青。（如果父母健在，以青色布料为衣缘，又称青衿。）

如孤子，衣纯以素。（如果是孤儿，以素色布料为衣缘。郑玄注：三十不称孤。）

# 项目五 校园礼仪

## 学习目标

1. 了解学生应该掌握的基本礼仪。
2. 学会在学校学习生活中应有的仪表仪态。
3. 掌握与人交往的行为规范。

## 案例引入

校园文明关系着我们的切身利益，影响长远，我们应共同营造和谐文明的校园环境。下面是作者平时在校园里看到的一些现象。

场景一：清晨，每间教室窸窸窣窣地都会有一些同学正在享受着美味的早餐，踏入教学楼，还以为进入了食堂，空气里弥漫着油炸的"香味"。而下课后，很多座位上都遗留下早餐食品的垃圾。

场景二：中午，当你坐在食堂的座位上正享受着美味的午餐时，不时会听到"喂，那位同学，你的餐盘"，你转过头会看到一位上了年纪的阿姨正在努力地喊着，而同学漠然地离开后，只剩下阿姨默默的叹息。

场景三：夏天到了，校园里弥漫着栀子花的香味，路上的女孩们随手采摘栀子花拿在手里，向旁边的同学炫耀着自己的成果。

对以上这些场面，你作何感想？

礼仪规范与训练

知识梳理

## 任务一　学生日常礼仪

### 一、仪表仪态

#### （一）着装礼仪

作为一名在校学生，着装应有学生的特点，体现学生的朝气与活力。

（1）着装整齐、朴素大方，按照学校要求穿校服，不穿奇装异服。

（2）不把上衣束在腰间，不披衣散扣，不穿背心、拖鞋、裤衩在校园里行走和进入教室。课堂上不要敞衣、脱鞋。

（3）不穿高跟鞋，不穿厚底时装鞋，以球鞋或平底鞋为好。不佩戴项链、耳环（针）、戒指、手链、手镯等饰物。不涂脂抹粉，不纹眉、纹身，不留长指甲，不涂有色指甲油。

（4）按要求修剪头发，不染发，不烫发。

#### （二）行走礼仪

（1）走路要抬头挺胸，目视前方，肩臂自然摆动，步速适中，忌讳八字脚、摇摇晃晃、扭捏碎步。

（2）上下楼、过楼道时靠右侧行走，出入教室、办公室、会场等要按指定线路走，不拥挤，轻声慢步，不影响他人。

（3）行走时互相礼让。年轻人主动给长者让路，健康人主动给残疾人让路。

（4）向别人询问道路，要先用礼貌语言打招呼，如"对不起，打扰您一下""请问"等，听完回答之后，一定要说"谢谢"。如果被陌生人问路，则应认真、仔细地回答，自己不清楚时要说："很抱歉，我不知道，请再问问别人。"

### 二、尊师重道

尊敬师长是中华民族的传统美德，也是对学生最基本的要求之一。

（1）尊敬老师，遇见老师主动停下，微微鞠躬问好，面带微笑，语气要真诚，遇见两个及以上的老师，可以说"老师们好"，不必一一问好，既简洁，又避免了冷落某位老师。

（2）进出学校与上下楼时要主动给老师让行，老师进入学生宿舍后，学生应主动站起问好让座，老师离开时起身送出。

（3）进老师办公室时要敲门或喊"报告"，听到"请进"后方可进入。向老师提问要用

"请问"，老师答后要道谢。若老师在办事或与别人在交谈，不可随意打扰老师，应站立一侧，等老师办完事或谈完话后再找老师。不随便翻阅老师办公室的东西。离开时要说"再见"，并向办公室内其他老师致敬。尽量不要在办公室逗留太长时间，以免影响老师的办公或休息。

（4）与老师交谈时，应起立并主动给老师让座，不可以让老师站着而自己坐着。对老师要说实话、真话，不欺骗老师。服从老师管理，不顶撞老师。虚心听取老师的教诲，接受老师的教育。若要指出老师的错处，应有礼貌，态度谦和。

（5）珍惜老师的劳动成果，按时完成老师布置的各项任务。

## 三、礼让同学礼仪

同学间应友好相处、互相团结、互相帮助。这是与同学交往的一个基本准则。

（1）要尊重别人，注意礼貌。同学之间也要使用礼貌用语，与同学说话态度要诚恳、谦虚，语调要平和，听同学说话要专心，不轻易打断别人。

（2）向同学借东西，要先征得同学的同意。对借的东西要特别爱护，且按时归还。

（3）不在同学面前说长论短、搬弄是非。不斤斤计较，对同学的过失或冒犯要宽宏大量。讲究信用，答应别人的事要尽力办到。

（4）不要给同学起绰号。有些同学利用他人的姓名等乱给别人起绰号或嘲笑别人，这是十分伤害他人感情的行为。

## 四、课堂内外

### （一）上课前

上课前，同学们应提前五分钟进入教室坐好，等候老师的到来。良好的教室气氛，既能为老师创造好的教学环境，同时又能密切师生间的关系。做好课前的准备，既是尊重别人的表现，又是尊重集体的行为。如果因特殊原因迟到，到教室门口后要停下来喊"报告"，得到老师的允许后才可进入。走到自己座位时，速度要快，动作要轻，尽快拿出书本做好上课准备，不可有其他与上课不相干的举动。准备好后，要尽快集中注意力，听老师讲课。

### （二）上课时

上课时要遵守课堂纪律，积极发言，不做与本堂课无关的事情。老师提问是课堂上老师验收讲课效果的最佳办法，同学们应积极配合。在老师提问时，同学们如要回答，应举手示意，老师点到名后，应起立回答，不可坐在座位上随便插话。起身回答老师问题时，态度要严肃，说话要清晰，语速要适中。如果老师的提问自己不知道，但又被点了名，也应站起来，向老师致歉，并实事求是地说明自己对这个问题不太清楚或没准备好。在别人回答老师的提问时，不要随便插话，即使别人所说与自己的意见不同，也应听他把话说完。如果认为别人

的回答不正确，也不可肆意嘲笑。

# 任务二　集会礼仪

## 一、升降旗仪式上的礼仪

按原国家教委《关于施行〈中华人民共和国国旗法〉严格中小学升降国旗制度通知》的规定，每周一（节假日和天气不好除外）的早晨学校要举行升旗仪式，重大节日时也应举行升旗仪式。这是爱国主义教育的一种重要形式。

举行升旗仪式时，所有在校师生都要参加。一般学生以班级为单位，集合在操场上，面向国旗致敬。在整个升旗的过程中，同学们必须肃立端正、态度庄重、保持肃静。当听到"升国旗、奏国歌"时，要立正、脱帽、行注目礼，降旗时亦然。唱国歌时要严肃，声音要洪亮。在升降旗的过程中，队伍要保持整齐，切忌随意走动、嬉笑打闹或东张西望。

## 二、在图书馆的礼仪

图书馆是同学们在校查阅资料、借阅图书的地方，要遵守特别的礼仪规范。

（1）在图书馆内要保持安静，说话要轻，不可大声喧哗，以免打扰其他同学学习（图 5-2-1）。

（2）借阅图书要凭借书证，借书期满后要及时归还。

（3）要爱护图书，不可在书上乱涂乱画。自己需要的资料可以抄录下来或者复印，不可随意将书页撕下或"开天窗"。对图书馆内的电子设施也要爱护，要遵守使用条例，服从管理人员的管理。

（4）进入阅览室前应将随身携带的包寄存好。不要在阅览室内抽烟，也不要一个人同时占着几个位置，影响其他人使用。

图 5-2-1

## 项目五 校园礼仪

### 三、集会礼仪

集会时，提前到达，准时进入会场，列队快、静、齐，并在指定位置坐好。听报告时，聚精会神、保持肃静，不乱议论、乱走动。不要在会场吃零食，不乱扔纸屑。报告或演出结束，要鼓掌致谢。精彩之处适度鼓掌，不喝倒彩，不吹口哨，不大声喧哗。会议、演出进行中不擅自离场。演出结束后，等演员上台谢幕后再有秩序地退场。上台发言时，要向主席台领导和场内同学鞠躬行礼，发言结束后要道谢。

### 四、课间操礼仪

课间操是学生每天必须参加的一项体育活动，是学生紧张学习中的一种积极性休息，也是校园体育文化建设的重要内容和综合反映。课间操能够培养学生的集体观念和纪律观念。良好的身体姿态和积极的精神面貌是课间操训练的基础，这与学校对学生的礼仪规范是一致的。

学生做课间操的要求有快、静、齐三点。

#### （一）快

下课后迅速离开教室，有秩序地走下楼梯，到操场指定位置站好，准备做课间操。

#### （二）静

从离开教室到操场的过程中，不得大声喧哗，要保持安静，等待课间操音乐开始。从课间操开始到老师宣布解散，都要听从指挥，不得随便说话、打闹。

#### （三）齐

按照动作标准做操，姿势要准确。

### 五、典礼

学校举行的隆重典礼一般有开学典礼、毕业典礼和校庆典礼等。大型的学校活动要求全校师生参加，有时还会邀请党政机关领导和有关部门负责人及家长代表参加。

参加典礼的学生应注意典礼礼仪。负责迎宾的同学应仪容大方、仪态端庄，穿迎宾服装，佩戴迎宾礼带，在校门口及会场出入口迎送来宾。没有迎宾任务的学生统一穿着校服、佩戴校徽，按时参加典礼。入场后在指定位置入座，保持安静，认真听取报告和发言，适时报以掌声。唱国歌、校歌、喊口号时声音要响亮。典礼结束后应等领导、来宾及教职员工离场完毕后再按顺序退场。

> **拓展训练**

1.观察周围同学的日常行为礼仪，大家一起分享讨论，哪些是合乎礼仪的，哪些不是合乎礼仪的，应该怎么去做。

2. 打理好自己的学生仪表,大家一起进行评价。

**素养提升**

### 张良拜师

张良是西汉高祖刘邦的军师,他的祖先是战国时期韩国人。在秦灭韩后,张良立志为韩国报仇。有一次,因刺杀秦始皇未遂,受到追捕而避居到下邳。

张良在下邳闲暇无事。有一天他到下邳桥上散步,碰到一位老人,穿着粗布短衣,走到张良旁边,故意把他的鞋子掉到桥下。然后回过头来冲着张良说:"孩子,下桥去给我把鞋子拾上来!"张良听了一愣,很想打他一下,但一看他是个老人,就强忍着怒气,到桥下把鞋拾了上来。那老人竟又命令说:"把鞋子给我穿上!"张良一想,既然已经给他拾来了鞋子,不如就给他穿上吧,于是就跪在地上给他穿鞋。那老人把脚伸着,让张良给他穿好后,就笑嘻嘻地走了。张良一直用惊奇的目光注视着他的背影。那老人走了几步,又折回身来,对张良说:"你这个孩子是能培养成才的。五天以后的早上,天一亮,就到这里来同我会面!"张良跪下来说:"是。"

第五天天刚亮,张良到了下邳桥上。不料那老人已经等在那里了,见了张良就生气地说:"和老人约会,怎么迟到了?五天之后的早上再来相会!"说完就离去了。到第五天早上,鸡一叫,张良就赶去,可是那老人又等在那里了,见了张良又生气地说:"怎么又落在我后面了?过五天再早点来!"说完又走了。到第五天,张良没到半夜就赶到桥上,等了好久,那老人来了,老人高兴地说:"这样才好。"然后他拿出一本书来,指着说道:"认真研读这本书,就能做帝王的老师了!过 10 年,天下形势有变,你就会发迹了。之后 13 年,你就会在济北郡谷城山下看到我,那儿有块黄石就是我了。"老人说完就走了。

早上天亮时,张良拿出那本书来一看,原来是《太公兵法》(辅佐周武王伐纣的姜太公的兵书)。张良十分珍爱它,经常研读,反复地学习。

10 年过去了,陈胜等人起兵反秦,张良也聚集了 100 多人。沛公刘邦率领了几千人马,在下邳的西面攻占了一些地方,张良就归附于他,成为他的部属。从此张良根据《太公兵法》经常向沛公献计献策,沛公认为很好,常常采用他的计谋。后来张良成了刘邦运筹帷幄、决胜千里的军师。刘邦称帝后,封他为留侯。张良始终不忘那个给他《太公兵法》的老人。13 年后,他随从刘邦经过济北时,果然在谷城山下看见有块黄石,并把它取回,称之为"黄石公",作为珍宝供奉起来,按时祭祀。张良死后,家属把这块黄石和他葬在了一起。(《史记·留侯世家》)

# 项目六 职场礼仪

## 学习目标

1. 掌握求职面试的基本技巧。
2. 了解工作中的礼仪常识。
3. 学会在工作中如何与人沟通。

## 案例引入

  一位老师带领学生前往一个集团公司参观，老总是该老师的大学同学。

  老总亲自接待，非常客气。工作人员为每位同学倒水，席间有位女生表示自己只喝红茶。学生们在有空调的大会议室坐着，大多坦然接受服务，没有半分客气。当老总办完事情回来后，不断向学生表示歉意，竟然没有人应声。当工作人员送来笔记本，老总亲自双手递送时，学生们大都伸着手随意接过，没有起身也没有致谢。从头到尾只有一个同学起身双手接过工作人员递过来的茶和老总递来的笔记本时客气地说了声："辛苦了！"最后，只有这位同学收到了这家公司的录用通知。有同学很疑惑，甚至不服，"他的成绩并没有我好，凭什么让他去而不让我去？"老师叹气道："我给你们创造了机会，是你们自己失去了。"

## 知识梳理

  对于学生来说，学校是步入社会前的最后一站，毕业后即将走入一个新的生存环境——职场。职场，对于所有的在校学生而言，既陌生又新鲜，初入职场的毕业生由于对新环境缺乏了解，往往会犯一些错误，比如不会与同事沟通，不懂职场规则，容易授人以柄，给人留下不好的第一印象，对日后的工作造成影响。

**礼仪规范与训练**

在本章内容中，我们对职场中的常见问题加以剖析，对职场的礼仪规则进行介绍，让初入职场的毕业生少走弯路，营造良好的人际氛围，让他们施展自己的专业才华。

# 任务一 面试礼仪

想要得到某个工作职位，求职面试是必不可少的一个环节，求职的经历对每个人来说都是一笔宝贵的人生财富。在求职的过程中，除了自身的资历以外，面试礼仪及技巧也是求职成功必不可少的要素。本节课，我们将从面试前、面试中、面试后的一些礼仪要求进行讲解和介绍，希望大家能够从中得到启迪，为面试成功打下基础。

## 一、面试前的准备

### （一）心理准备

良好的心态是求职过程中必不可少的，在面试的时候，与主考官进行的是面对面的"较量"，必须做好心理准备。

#### 1. 要全面认识自己

在求职之前应对自己有一个全面的分析和认识，要明确自己的兴趣和专长，进而找出自己的就业方向。比如，自己的外语水平很高，那么就可以考虑去外资企业求职。有的放矢地去投递简历，成功的机会会更大。

认识自己，有时会有"当局者迷"的感觉。这时，不妨与身边的人多交流，尤其是父母和老师。在这个过程中，不可回避错误和缺点，要力争做到全面客观。也可以通过问自己几个问题来认识自己。

1）我所学的专业是什么，我都学到了什么

学习的知识和专业在一定程度上是我们就业的一个方向，所以在努力学好课程的同时，要善于归纳总结，勤于思考，将所学的书本知识内化成自己的智慧，为今后的人生道路多做准备。

2）我有哪些实习、实践经验

在学校期间担任学校、班级的干部，社团的成员，或者在课余时间参加兼职，学校安排的社会实践等都是我们社会经验的积累。如果想使自己的经验更有说服力，在校期间就应留心，多参与一些与自己的职业目标相一致的工作，并坚持不懈地将它们做好。

3）我的个人潜能在哪里

在做过的事情中，有什么是让自己觉得很成功的？通过深入挖掘，可以发现自己的潜

## 项目六 职场礼仪

能在何处，在求职时可以成为有力的支撑点。

4）性格上的缺点是什么

人无完人，每个人都有自己的长处和短处，关键在于自己能不能正视，不必因为缺点而自卑，不愿承认，正视它才能改正，这样才能有所提高。

5）经验不足的问题

作为一名刚刚踏出校门的学生，社会经验方面难免会有所欠缺，关键在于不能不懂装懂，企图糊弄招聘单位。我们要认真地对待，努力克服和提高，你要相信，也要使招聘单位相信"给我时间，我会做得更好"。

### 2. 要有自信心

有了上述对自己的全面认识后，对自己的求职方向也应该有了一定的把握。这个时候要做的，就是树立自信心，勇敢地面对求职。

求职时，求职者往往会有一些消极的心理，有的过于自卑，导致对自己的能力评价太低；有的过于自大，自我感觉过于良好，求职时眼高手低；还有的过于重视求职面试，心理负担太重。其实，这些都是没有必要的。在求职面试之前我们一定要摆正心态，不卑不亢，对自己有信心，尽量发挥和运用自己的优势，相信自己可以战胜目前的困难并能获得最终的成功。

## （二）资料准备

### 1. 求职单位的信息

"知己知彼，百战不殆。"在面试前，要熟悉和掌握求职单位的相关资料，比如单位的全称、单位的性质（国企、外企或者私企）、单位的历史、单位的规模及声誉、单位的工作条件及单位的整体福利待遇水平等。

### 2. 个人信息

1）个人简历（图 6-1-1）

个人简历是向求职单位介绍自己的一个重要的背景资料，一定要简明扼要、准确无误，切不可弄虚作假。书写个人简历要遵守一定的礼仪规则。

首先，简历的内容。比较完整的简历一般包括以下几个方面。

（1）个人基本信息。主要包括姓名、性别、籍贯、民族、政治面貌、联系方式、地址等。尤其是联系方式，要准确无误。

（2）受教育程度。一般只要提供自己的最高学历即可，如果学历在大学本科以上，应附本科相关的学习情况。主要说明所学专业、主修课程、取得学位及学术成就等。如果在校期间获得过特殊的荣誉或奖励，也应进行说明。

图 6-1-1

（3）工作经历。应届毕业生可提供一些在校担任学生干部或社团成员的工作经历、兼职或参加社会实习的经历。

（4）特殊技能或特长。这里包括英语等级证书、计算机水平证书、音乐教育方面的特长等。

（5）求职意向。主要概括求职方向和工作兴趣，简要强调一下胜任工作的个人优势。

其次，书写简历时的礼仪规范。

（1）准确客观。简历的书写切记说假话、空话，一定要实事求是。诚信是最基本的道德准则。书写时要字迹工整，最好采用打印稿，切忌错别字。

（2）简洁明确。简历在书写时要简明扼要，重点突出，一般不要超过两页纸。

（3）应聘者的学历证明、专业等级证书、荣誉证书等可作为附件，以复印件的形式附在简历最后。

（4）简历在书写时要避免使用鉴定式的评语，措辞要客观、谦虚。

2）求职信

求职信其实就是自荐信，关键在于通过介绍自己，让用人单位对你产生兴趣，最终录用你。求职信一般包括求职者的应聘原因、个人基本信息、求职的愿望和要求、联系方式等。

求职信的写作规范如下。

（1）标题。即"求职信"或"自荐信"。

（2）称谓。即对于用人单位的称呼。可以是公司的全称，也可以是收信人的职务或姓名加职务。

（3）正文。这是求职信的主体。在此要写明个人基本信息、工作经验、求职原因等必要内容。应届毕业生可附加一些实习和社会实践的经历，从而加强用人单位对你的了解。求职信的内容要尽量突出自身条件中与用人单位要求相一致的内容。

（4）结束语。表达对得到面试机会的强烈愿望，并对收信人的工作表示感谢。

（5）落款。包括签名和日期。

求职信的书写应该注意的是，篇幅不要过长，内容实事求是、简明扼要、重点突出。

### （三）其他准备

（1）服饰整洁大方、自然和谐。一般来说，男士可选择深色成套西装，配白色衬衫，系颜色协调的领带，皮鞋光亮。女士可穿套装或套裙，不要穿低领或过于透明紧身的衣服。

（2）注意发型和妆容，不用过于浓烈的香水，保持指甲干净，长度适中，佩戴饰品不要超过三种。

## 二、面试过程中的礼仪

（1）准时到达。一般而言，应提前5~10分钟到达。在等候的过程中保持安静，切忌大声喧哗。听从工作人员的安排，按顺序进行面试。注意尽量不要让家长或同学陪同，这样会显得很不成熟。

（2）进屋时要先敲门，得到允许后方可进入。进屋后，不能随便入座，要等接见者允许后才能坐下，并且应坐在接见者指定的位置上。

（3）与考官打招呼要用礼貌用语，并做好自我介绍。说话时要用普通话，语速适中，语言简洁，避免口头禅，如"这个……""嗯……"等，这样会显得你很紧张。在表达意见的时候，不能总以自我为中心，可以使用诸如"我很同意您的观点"之类的话来与考官沟通。

（4）面试过程中，要站有站相，坐有坐相，注意自己的形体礼仪。手部动作不宜过大，移动双手时，确定手离开身体的距离不超过肘部的长度。

（5）考官示意面试结束时，要及时停止说话，起身站好，与考官握手表示感谢。离开之前要把桌椅还原，然后再从容地走出考场，转身轻轻关门。

（6）离开面试单位时，应记得对其他招待你的工作人员表示感谢。

## 三、面试后的注意事项

面试后的两三天可以主动给面试单位发感谢函或打电话咨询面试结果，这样既表达了对面试单位提供面试机会的感谢，同时又表达了自己对"希望被录用"的强烈愿望。但感谢函或电话均以表明态度为主，不可追问过急。如果仍未得到答复，就不要再三询问了。

另外，每一次的面试都是一次经验的积累，无论成功与否，都应端正自己的心态，不骄不躁，更不能气馁。要好好总结面试的经验与教训，为以后做好准备。

## 任务二　办公室交往礼仪

### 一、办公区域

#### （一）办公桌

个人的办公桌要保持干净整洁，它是个人专业性的表现，最高原则是私人物品不出现。正规的公司通常会为员工提供休息区域，食用零食、喝水都应在休息区域进行。而随着人性化管理的普及，像小孩照片这样的私人物品，有时也可出现在办公桌上。

#### （二）办公室

一般来说，初入职场，都是多人共用一个办公室，这就要求我们要遵守公共秩序。对于公共办公用品要爱护使用，如打印机等。养成良好的办公习惯，用完办公设备后要归位，以方便其他人使用。

#### （三）公共区域

单位的走廊、过道、卫生间等公共区域应注意保持其环境卫生和安静。

### 二、与同事交往

（1）工作事件，就事论事，论事不论人。只谈事件、结果、解决方案，不牵涉人员关系。

（2）非工作事件，尽量不在工作时间谈论，如果是同事需要帮助，应秉着相互尊重、乐于助人的出发点，给予力所能及的帮助。

（3）把握好公私界限，工作上的好同事未必能成为生活中的好朋友。

（4）正确处理男女关系，把握言语尺度，不议论是非，不开过分的玩笑，不涉及他人隐私。

### 三、接人待物

良好的待人礼仪能够帮助建立良好的人际关系，从而创造和谐、融洽的工作环境。

#### （一）对待访客的礼仪

##### 1. 客人来访，应起身迎接

当有客人来访的时候，首先要面带微笑，起身迎接。

小张正在整理资料，忙得不可开交，此时有位客人走进来。小张腾不出空，只好继续做事，同时坐着向客人打招呼。可是，这位来客见到她的上司，便对小张坐着向他打招呼一事表现出不满的情绪。虽然，小张有她的苦衷，但在这种情况下，不论手上的工作多么繁忙，对于访客，都应当站起身来行礼，这是最基本的礼节，否则对方便很自然地有一种被忽略的感受。所以，当客人来访之际，无论自己有多么忙，都应站起身来打招呼。

### 2. 主动向访客问好

对于所有公司而言，访客都是居于上位者，因此，必须由主方先致问候。当客人来访，应主动起立问候，这才是正确的待客之道。

### 3. 向访客鞠躬时眼睛要注视对方

鞠躬礼大致可以分为两类，即微微的点头致意和常见的敬礼。无论采用哪一种鞠躬方式，都必须遵守基本原则。在鞠躬的开始与结束时，都需看对方的眼睛，以表示你的诚意。

此外，在鞠躬的过程当中，要注意以下原则：首先，低头和抬头的时候不能太快，太快都不能算作是正确的鞠躬方式。其次，鞠躬时应尽可能慢慢地进行。把头低下时，以能在中途作1~3次呼吸的时长进行就可以了。

### 4. 对访客附上一句"让您久等了"

当有预约的访客时，大部分人会说"欢迎光临"，可是，接下来会附上一句"让您久等了"的人却不多。如果是经常出入自己公司的访客，说上一句"天气这么炎热，您辛苦了"之类关心对方的话，效果也会很不错。

### 5. 记住访客的基本资料

例如，自己所任职的公司名称已在询问台被问过一次，但是没过多久，又被重复问"请问您是哪一位"，任何人都会有不被重视的感觉。为了避免使对方产生不快，当听到访客的公司名称、姓名之后，应记录下来，以免遗忘。

将对方的公司名称或人名弄错是非常不礼貌的行为。如果是难以听清楚的名字，就应复述一遍，或向对方问清楚，以便将正确的公司名称、姓名记住。当有多位访客时，应以不让访客看到的方式作记录，然后交给公司内的人。如果访客的人数太多，也可以只记下公司名称及其代表的姓名。

### 6. 引导访客到会客室

接待访客，应该亲自将访客带到会客室。正确的方法是：带路时，应配合访客的步调，走在距离对方大约1米的斜前方，这是为了让访客走在走道的中央。此外，不时回头看看访客是否跟上自己，这也是非常重要的一点。

### 7. 不可以貌取人

当有一位或者两位客人来访时，根据对方的态度，大致能判断出谁的地位较高。可是当有许多人来访时，就很难分出谁是上司，谁是下属。遇到这种情况，应将他们带到会客室，

礼仪规范与训练

交给主管去安排。

### 8. 知晓座次

根据会客室的不同，上、下座也会不一样，一般靠近入口的座位是下座，靠近里面的座位是上座。此外，当访客中的主管随其他人一起进入会客室，可由其自行安排座位。

### 9. 应确认客人离开后再离去

在公司门口送别时，自己应主动拿着客人的行李，在即将分别时再交给对方。应目送客人远去，直到看不见对方的身影为止。在将客人送到停车场时，也应将对方的行李送到车上。为对方打开车门，当客人坐好后再将车门关上。此时，也应目送对方的车子开走，直到看不到为止。

## （二）拜访别人的礼仪

### 1. 拜访时间的选择

拜访其他公司时，必须事先约定时间，但是访问的时间应取决于对方的日程。

避免将拜访时间定在周一。因为一般公司在周一会有例会。拜访之前要做好准备，即在约定会面时，除了确定访问的时间，同时还应将前去访问的人数、姓名、职务、商谈事情的概要，以及预计所需的时间告诉对方，对方才能对会见等做出安排，并安排之后的日程。

### 2. 拜访前，应打电话再次确认

在拜访前打电话进行确认十分重要，因为被拜访人可能会因为工作繁忙而临时有事。如果盲目前去，可能会造成不必要的麻烦。

### 3. 拜访的时候不要迟到

如果去其他公司拜访，却没有在约定的时间到达，容易给对方留下不好的印象，因此要有时间观念。通常出发的时间比约定的时间提前30~40分钟，具体应根据实际路程安排。如果能提前5分钟到达对方的公司，是最为恰当的。

### 4. 拜访过程礼貌周到

到达对方公司时，应先脱掉外套或取下围巾，再向前台人员说："我是××公司的职员，名叫××，请找一下××部的××先生。"此时，还要告诉对方是否有预约。

如果公司的名称不易听清楚，或者你的名字较为少见，可向接待员递出自己的名片。接待员看过名片后，就会帮你跟负责人联系。

当接待员不在时，应向最早走出来的员工报出自己所在公司的名称及自己的姓氏，请他跟接待员取得联系。

### 5. 在对方的会客室，应坐在下座

当主人把你带到会客室时，会请你坐上座，而你必须推辞。在会客室里等待时，应当

## 项目六　职场礼仪

浅坐在沙发上。

### 6. 不要将公文包放在会客室桌上

一般较大的皮包应放在自己的脚边。在取出资料时，可将皮包放在膝盖上。此外，当携带物品较多时，应只将工作所需的物品放在脚边，剩下的放在房间不显眼的地方。

### 7. 绝对不能与同行者闲聊

当多人去往同一公司，往往会在会客室等待，此时，不应在会客室聊天。否则，会影响到外面的工作人员，这是不礼貌的行为。

### 8. 寒暄问候时，应面带笑容

见到要拜访的人，主动寒暄问候是非常重要的。问候时应面带微笑、注视对方、口齿清晰、精神饱满。

### 9. 提前准备好拜访的相关资料

在拜访前准备好相关资料，在会谈时直接切入主题，会为双方节约时间，给对方留下良好的印象。

## 任务三　电话礼仪

电话是人们在社会交往中使用最频繁、最重要的沟通工具。正确地使用电话，不仅要掌握使用电话的技巧，更重要的是掌握打电话及接听电话的礼仪，维护自己的"电话形象"。

### 一、打电话的礼仪

在电话交流中，打电话者为发起方，是居于主动地位的一方。如果打电话者想给对方留下好的印象、取得满意的通话效果，就应在打电话的时间、内容和礼仪态度方面多下功夫。

#### （一）做好事前准备

在打电话之前考虑好要说的事情以及如何去说。内容较多时，可以在打电话之前写好提纲，这样既可以提高通话效率，又不会让对方觉得你说话没有条理。

#### （二）通话时间

通话时间的选择也是很有讲究的。一般情况下，恰当的时间应是早上8点之后，晚上

10点之前，打电话时应避开午休或临近下班时间。即使是私人电话，也不要在别人休息的时候打。非特殊或紧急事件，一般不要在节假日、用餐或休息时间给别人打电话。还有一点很重要，就是时差问题。打国际电话时，首先要考虑的就是时差问题。

通话时间的另外一项就是通话时间的长短问题。正常情况下，一次通话的时间应控制在三分钟之内，即"打电话三分钟原则"。所以打电话时要抓住重点，言简意赅。通话时间过长会造成电话占线，影响其他电话的呼入。

### （三）打电话时的其他礼仪

（1）打电话时，若一接通，就能听到对方亲切、优美的声音，心里一定会很愉快，通话也会比较顺利地展开。同样说："您好，我是×××"，声音清晰、悦耳、吐字清脆，给对方留下的印象一定会更好。除此之外，在说到人名、地址和关键的词句时，要强调慢说，或重复一遍，要让对方清楚准确地听到。

（2）打电话时要保持良好的心情。因为面部表情会影响声音的变化，所以打电话时要抱着"对方看着我"的心态。

（3）拨通电话后，应当先自报家门和证实对方身份。可以说"您好，我是×××，请问您是……"。如果你找的人不在，可以请接电话者转告。这时可以先说一句"对不起，麻烦您转告×××"，然后将你所要转告对方的话告诉对方，最后，别忘了向对方说一声谢谢，并且问清对方的姓名。

（4）打电话过程中不能吸烟、喝茶、吃零食，懒散的姿势对方是能够"听"得出来的。如果你打电话的时候弯着腰躺在椅子上，对方听你的声音就会是很懒散的、无精打采的。若坐姿端正，所发出的声音也会亲切悦耳、充满活力。因此，打电话时应注意自己的姿势。

（5）通话过程中，如果对方说到"请稍候"时，应该握住话筒静候，不能把电话放在一边，也不要边等边哼小调。

（6）打错电话时，要向对方道歉，不可一言不发或直接将电话挂断。通话时，电话如果忽然中断，按礼仪规范应该是由打电话的一方立即拨过去，并向对方说明原因。

## 二、接电话的礼仪

虽然接电话的一方是处于被动的地位，但是礼仪是没有主动、被动之分的，所以接电话时也要注意礼仪问题。

### （一）做好事前准备

接听电话也要做好准备，可以在电话机的附近放置电话记录本（图6-3-1）。

图 6-3-1

### (二) 接听电话时要迅速

听到电话铃声时，应迅速拿起话筒，电话铃声响一声大约 3 秒钟，最好在三声之内接听。

### (三) 接电话时的其他礼仪

（1）拿起听筒，第一句话应该问候一声"您好"，然后自报家门。

（2）接听电话时态度要热情友好，应积极回应，专心致志。

（3）如果在会晤重要客人或者会议期间有人打电话过来，应先向客人或与会者打声招呼"对不起，请稍候"或"对不起，我接个电话"。如果电话内容较复杂或很重要，可以向来电者说明情况，如"我在会客"或"我在开会"，表示歉意并约好时间再通话。

### (四) 代接电话的礼仪

（1）接电话时，如果对方要找的人不是你，不能出言不逊或置之不理。如果对方请你代转电话，应弄明白对方是谁，要找谁，以便与接电话人联系。代转时，应告知对方"稍等片刻"，并迅速找人。如果需要放下听筒呼喊距离较远的人，可用手轻捂话筒，然后再呼喊接电话人。

（2）如果接电话的人不在，可以询问对方是否有要转告的消息。如果打电话的人希望你转告，应做好电话记录。要记清：来电者的姓名、所属单位，转告的具体内容，是否需要回电，回电的号码和时间，对方打电话时的时间。记录完毕后，最好向对方复述一遍，以免遗漏或记错。

## 三、使用电话的其他礼仪

（1）无论在何处接打电话，都要态度友好。
（2）不要使用公用电话聊天，这样既浪费资源，又会耽误工作。
（3）使用公用电话时，要爱护公物，文明使用。
（4）如果电话有留言功能，应尽早回复。

## 四、手机礼仪

在使用手机通话时，除了上述使用电话的礼仪要求外，还要特别注意以下几点。

### （一）将手机放在适合的位置上

在正常情况下，手机应放在随身携带的包中。女士可以把手机放在手提袋中或放在上衣口袋中。

### （二）使用手机的注意事项

（1）如果在车里、餐桌上、会议室、电梯等地方通话，尽量使谈话简短，以免干扰别人。若非必要，在这些场合不要打电话与人闲聊。开会时，必须先道歉说"对不起，请原谅"，然后离座接听电话。
（2）无论接听还是拨打电话，声音都要适度。
（3）在明显标有"安静"字样的场所（图6-3-2），如医院、图书馆、电影院等，要将手机关闭或调整到静音或振动状态。有来电时，应迅速离开现场，到不妨碍他人的地方接听。

图 6-3-2

## 五、传真礼仪

传真在现代商务活动中发挥着重要的作用，使用传真的时候要注意以下 3 点。

（1）传真的使用必须合法。国家规定任何单位和个人在使用传真设备时，要严格按照电信部门的有关规定，认真履行必要的使用标准，否则即为非法使用。

（2）传真使用准确。在使用传真设备的时候，要严格按照操作标准进行。

（3）必要的使用礼仪。在使用的时候要注意牢记维护个人和所在单位的形象，处处不失礼数。

## 六、网络礼仪

网上交流，对方未必可以完全正确理解您所表达的意思，很容易陷入"言者无意，听者有心"的困境。所以，必须更加注意自己的言行举止。

### （一）不随意公开个人信息

不要随意公开自己的 E-Mail、真实姓名、地址、电话号码等个人信息。对于他人的个人信息，应该更加注意不能随意公开，以免给他人带来伤害。

### （二）写信原则

电子邮件的书写要简明扼要，最好认真填写"主题"一栏，这样别人一看就知道来信的要旨。其他书写事项与普通书信的要求是一样的。

### （三）群邮件发送时要注意保密

发送群邮件时，要用保密附件的方式传送，这样接信的人只会看见信的内容，而不会知道其他信息。

### （四）不要发送垃圾邮件

随意发送垃圾邮件是不道德的行为。

# 任务四　言语沟通

但丁曾经说过："语言作为工具，对我们之所以重要，正如骏马对于骑士一样重要。"语言是人的文化修养、道德情操的一面镜子。常言道："言由心声""听其言，观其行"。掌握一定的语言艺术，对于一个人展现内在修养、提升外在形象、建立良好的人际关系有着非常重要的作用。

## 礼仪规范与训练

语言是人与人沟通的桥梁，不仅讲究语言的准确、内容的意境、态度的诚恳，而且更讲究表达方式的技巧。以下是语言表达的一些基本要求和技巧，对照这些要求加以训练，会使我们的语言沟通水平有所提高。

### 一、基本要求

#### （一）语言准确、规范

在与他人交流的过程中，应尽量说普通话，普通话是我国法定的现代汉语标准共同语。它以北京语音为标准音，以北方话为基础方言，以典范的现代白话文著作为语法规范。一口流利的普通话可以让对方清晰地了解你所要表达的意思，更会给双方带来心理上的愉悦感和享受感。

#### （二）语速适当

语速即说话的快慢程度。通常在演讲时的语速为每分钟180字左右，但是在一般交谈中，应以对方能听清楚为宜。太快容易让对方听不清楚你要表达的意思；如果太慢，往往又使人感觉沉闷。总之，要根据你所要表达的内容适当调整语速，让对方感到轻松愉快。

#### （三）知识丰富

无论是工作场合还是生活场合，一个知识丰富的人，在和别人交谈时，总能有不少话题。因此，在平时的生活中我们要注意观察身边的人和事，多积累知识。

#### （四）审时度势

什么场合要讲什么话，什么人面前要讲什么话，都要做到心中有数。闻道有先后，术业有专攻，切不可在他人面前卖弄学问。

### 二、交谈内容选择

语言沟通要言之有物，必须做到有主题、有中心、有内容。话题的选择能反映谈话者的修养和品位。

（1）共同关注的话题。比如文艺演出、电影电视、体育比赛、旅游观光等。

（2）高雅的话题。如文学、艺术、哲学、历史等。

（3）对方感兴趣的话题。

（4）不能说的话题。不问个人隐私，包括婚姻、收入、年龄等；不谈令人不愉快的话题，如衰老、死亡等；不评价他人，不自我吹嘘，也不要说一些偏激的话。

## 三、交谈技巧

### （一）多用机智、幽默的语言

一天，大文豪歌德在公园散步，碰到曾经恶意攻击过他的批评家。那位批评家傲慢地说："我是从来不给傻瓜让路的。"歌德立即回答："而我却刚好相反。"说着就转到一边去了。这幽默的回答充分显示了歌德的机敏。语言的幽默和机智绝不单单是言谈技巧的问题，它是一个人智慧、胸怀、性格等因素的综合体现。

### （二）多赞美对方

赞美是人们最基本的心理需求。几乎所有人都希望得到别人的肯定和赞扬，这可以使人认识到自身的价值和工作的意义，从而获得成就感。当然，赞美不是阿谀奉承，它应该具有针对性、公正性和灵活性。学会赞美别人，能拉近人与人之间的心理距离。当你肯定对方的优点时，你提出的建议和意见会更容易被对方所接纳，这样才能建立起良好的人际关系。

### （三）记住别人的名字

名字是陪伴一个人最长久的"私人财产"，在社交中，如果自己的名字能被他人所记住，那是一件令人愉快和兴奋的事情。因此，要在最短的时间内清楚地记住他人的名字，可以取得他人的好感。

### （四）礼貌地拒绝对方

在工作中，当对方提出一些我们不能满足的要求时，我们要礼貌地拒绝对方，不要含混不清、模棱两可。一方面要表达自己的态度和原则；另一方面，也不要伤害对方的自尊心和脸面。

### 拓展训练

1. 准备自己的简历及面试材料。
2. 情景模拟，进行面试演练。
3. 积极参加面试，并且和大家分享面试心得。

**素养提升**

### 常用敬语与谦辞

初次见面说"久仰",好久不见说"久违"
等候客人用"恭候",客人到来称"光临"
未及欢迎说"失迎",起身作别称"告辞"
看望别人称"拜访",请人别送用"留步"
出门送客说"慢走",与客道别说"再来"
请人休息称"节劳",对方不适说"欠安"
陪伴朋友用"奉陪",中途告辞用"失陪"
求人解答用"请教",盼人指点用"赐教"
欢迎购买用"惠顾",请人受礼说"笑纳"
请人帮助说"劳驾",求人方便用"借光"
托人办事用"拜托",麻烦别人说"打扰"
向人祝贺说"恭喜",赞人见解称"高见"
对方来信称"惠书",赠人书画题"惠存"
尊称老师为"恩师",称人学生为"高足"
老人年龄说"高寿",女士年龄称"芳龄"
平辈年龄问"贵庚",打听姓名用"贵姓"
称人夫妇为"伉俪",称人女儿为"千金"

# 项目七 餐饮文化

## 学习目标

1. 了解中西方的餐饮文化。
2. 掌握用餐礼仪。

## 案例引入

一位翻译陪着四位德国客人走进了西安某三星级饭店的中餐厅。入座后，服务员开始请他们点菜。客人要了一些菜，还要了啤酒、矿泉水等饮料。突然，一位客人发出诧异的声音。原来他的啤酒杯有一道裂缝，啤酒顺着裂缝流到了桌子上。翻译急忙让服务员过来换杯。另一位客人用手指着眼前的小碟子让服务员看，原来小碟子上有一个缺口。翻译赶忙检查了一遍桌上的餐具，发现碗、碟、瓷勺、啤酒杯等物均有不同程度的损坏，上面都有裂痕、缺口或瑕疵。翻译站起身把服务员叫到一旁说："这里的餐具怎么都有毛病？这可会影响外宾的情绪啊！""这批餐具早就该换了，最近太忙，还没来得及更换。您看其他桌上的餐具也有毛病。"服务员红着脸解释着。"这可不是理由啊！这么大的饭店连几套像样的餐具都找不出来吗？"翻译有点火了。"您别着急，我马上给您换新的餐具。"服务员急忙改口。翻译和外宾交谈后又对服务员说道："请你给我们换个地方，我的客人对这里的环境不太满意。"经与餐厅经理商洽，最后将这几位客人安排在小宴会厅用餐，餐具也使用质量好的，并根据客人的要求摆上了刀叉。望着桌上精美的餐具，喝着可口的啤酒，这几位客人终于露出了笑容。

**知识梳理**

# 任务一 中餐礼仪

在中国，人们在吃饭的时候喜欢一边交谈，一边享受美食，在觥筹交错之间加深感情。据文献记载，我国早在周代，饮食礼仪就已经初具雏形。经过数千年的变迁，饮食礼仪得到了不断的继承和发展，现在已经形成一套大家普遍接受的中餐礼仪，并已成为文明时代的重要行为规范（图 7-1-1）。

图 7-1-1

## 一、中餐的座次

在礼仪上，有个不成文的规矩，叫作"位置坐不对，其他努力都白费"。事实上，人们倾其一生，往往就是为了找到自己的位置。民以食为天，食以"坐"为先，在宴请中，每个位置都代表着对方的身份地位。可以说，中餐席位的排列关系到来宾的身份与主人给予对方的礼遇，是整个中华饮食礼仪中非常重要的部分。中餐席位的排列可以分为桌次排列与座次排列两种形式。

### （一）桌次排列

中餐桌次的确定一般有四个依据：一是离门最远为主桌，主人坐主桌，面门而坐；二

# 项目七 餐饮文化

是只有两桌时门右手为主桌;三是居于中间为主桌;四是邻近讲台为主桌,宴会厅内若有专用讲台时,应该以靠讲台的餐桌为主桌,如果没有专用讲台,有时候以背邻主要画幅的那张桌为主桌。其他桌次尊贵程度以距离主桌的位置远近而定,以主桌为基准,右高左低,近高远低。需要注意的是这里的"左右"以面对门的方向来确定。多桌宴请时,各桌均有一位主桌主人的代表就座,且所坐位置应与主桌主人同向,各桌均讲究以右为尊(图7-1-2)。

## (二)座次排列

中餐惯于按照职务和身份的高低排列座位(图7-1-3)。首先,主人面门而坐,以主人为基准,近高远低,右高左低,依次排列。其次,通常要把主宾安排在最尊贵的位置,即主人的右手位置。最后,主人方面的陪客要尽可能与客人相互交叉,便于交流,避免自己人坐在一起,冷落客人。

宴会上经常会出现大家让座的情况,比如几个职位身份差不多的客户一起就座时,难免会互相谦让,这时有眼力的陪同人员最好说"四方位上,大家都入座吧"。这时,大家相继入座,也就不分什么上座下座了。

除此之外,还需要考虑以下几点。第一,两人就餐,右高左低;第二,三人就餐,中座位尊;第三,面门为上,一般邻门处为上菜位;第四,观景为佳,有的包间配有电视,则面对电视的位置为上座;第五,邻墙为好,靠近过道为下座。

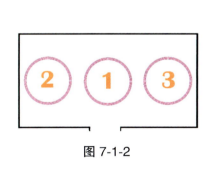

图 7-1-2

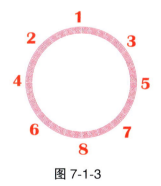

图 7-1-3

## 二、菜系

### (一)菜系

菜系又称"帮菜",是指在选料、切配、烹饪等技艺方面,经长期演变而自成体系,具有鲜明的地方风味特色,并为社会所公认的中国饮食的菜肴流派。

中国传统餐饮文化历史悠久,菜肴在烹饪中有许多流派。中国的"八大菜系",即鲁菜、川菜、粤菜、苏菜、闽菜、浙菜、湘菜、徽菜(图7-1-4)。

# 礼仪规范与训练

图 7-1-4

### 小贴士

**八大菜系及其口味**

| | |
|---|---|
| 鲁菜 | 咸鲜、浓油赤酱 |
| 川菜 | 重油、重盐、麻辣鲜香 |
| 粤菜 | 原汁原味、咸、鲜、清淡 |
| 苏菜 | 甜、黄酒味 |
| 闽菜 | 咸甜（南部）、香辣（北部） |
| 徽菜 | 重油味、重盐 |
| 湘菜 | 重油、重盐、重辣、腌制腊味 |
| 浙菜 | 酱香味浓 |

## （二）出菜顺序

（1）开胃菜。通常是四种冷盘组成的大拼盘。

（2）主菜。主菜的道数通常是四、六、八等偶数，因为中国人认为偶数是吉祥数。在豪华餐宴上，主菜有时多达十六或三十二道，但普通餐宴一般是六至十二道。这些菜肴是使用不同的食材，配合酸、甜、苦、辣、咸五味，以炸、蒸、煮、煎、烤、炒等各种烹饪法搭配而成。其出菜顺序多以口味清淡和浓腻交互搭配。最后通常以汤作为结束。

（3）点心。主菜结束后所供应的甜点，如馅饼、蛋糕、包子等，最后是水果。

## 三、餐具

### （一）筷子

筷子是中国常用的饮食工具，通常由竹、木、骨、瓷、象牙、金属、塑料等材料制作。

## 项目七 餐饮文化

它是世界上常用餐具之一,也是中华饮食文化的标志之一,发明于中国,后传至朝鲜半岛、日本、越南等地。标准的筷子一头圆、一头方。圆的象征天,方的象征地,对应天圆地方,这是中国人对世界基本原则的理解。筷子的标准长度是七寸六分,代表人有七情六欲,以示与动物有本质的不同。使用筷子时有很多讲究,比如夹菜只能从上往下夹,叫作"骑马夹",从下往上翻着夹叫"抬轿夹",这样做是不允许的。

### (二)勺子

勺子的主要作用是辅助筷子取食,舀取菜肴和食物。用勺子取食物时,不要过满,以免溢出。如果取用的食物太烫,不要用嘴去吹凉食物或用勺子舀来舀去,可以先放到自己的碗里等凉了再吃。不要把勺子塞到嘴里反复吮吸或舔,更不要把公用汤勺占为己有或不放回原位。暂时不用勺子时,应放在自己的碟子上,不要把它直接放在餐桌上或插在食物上。

## 四、酒礼

### (一)祝酒

祝酒是指在正式宴会上,由主人向来宾集体提议,提出以某个事由而饮酒。主人祝酒时,应起身站立,右手端酒杯,再以左手托杯底,面带笑容,目视宾客,口述吉祥话语后,将酒杯举到眼睛高度,再说"干杯"后,将酒一饮而尽或喝适量,然后手拿酒杯与宾客们对视一下,这个动作称为"亮杯"。当主人祝酒时,客人要停止进餐,认真倾听。当主人提议干杯时,客人手拿酒杯起身站立干杯,即使客人滴酒不沾,也要拿杯子抿上一口做做样子。

### (二)敬酒

在主人祝酒后,各位来宾和主人间或者来宾之间相互敬酒,可以说一两句简单劝酒词,说劝酒词时,声音响亮清晰,站姿挺拔端正,目光友好真诚,态度热情友好。

(1)斟酒。敬酒前要斟酒。斟酒一般从尊长开始,或者从自己所坐的地方开始,然后顺时针斟酒。斟酒多少按酒的种类来决定,白酒或啤酒需斟满,红酒斟四分满。如果客人不需要酒,可以用手挡在酒杯上,说声"不用了,谢谢"。

(2)敬酒顺序。一般情况下,敬酒应以年龄大小、职位高低、宾主身份为先后顺序,一定要充分考虑到敬酒的顺序,分清主次。如果不是主人,一般不能率先敬酒,一定要等主人完成必要的敬酒程序,才能开始向主人或其他宾客敬酒。

(3)敬酒举止。敬酒时站立起身,右手拿杯,左手托底。敬酒时可以与对方碰杯,碰杯时尽量让自己的酒杯略低于对方的酒杯,以示敬意。

礼仪规范与训练

## 任务二　西餐礼仪

西餐，顾名思义是西方国家的餐食。西餐这个词是由于其特定的地理位置所决定的。"西"是西方的意思。一般指欧洲各国，"餐"就是饮食菜肴。其菜式料理与中国菜不同，一般使用橄榄油、黄油、番茄酱、沙拉酱等调味料。不同的主食都是搭配上一些蔬菜，如番茄、西兰花等。东方人通常所说的西餐主要包括西欧国家的饮食菜肴，当然同时还包括东欧各国、地中海沿岸等国和一些拉丁美洲国家如墨西哥等国的菜肴。西餐的主要特点是主料突出、形色美观、口味鲜美、营养丰富、供应方便等。正规西餐应包括餐汤、前菜、主菜、餐后甜品及饮品。西餐大致可分为法式、英式、意式、俄式、美式、地中海式等多种不同风格的菜式（图 7-2-1）。

图 7-2-1

### 一、西餐宴请的座次

在西餐用餐时，人们对于座次的问题十分关注，越是正式场合，这一点越重要（图 7-2-2）。座次排列的规则有以下几点。

（1）女士优先。在排定用餐座位时，主位一般应请女主人就座，而男主人则须退居第二主位。

（2）恭敬主宾。在西餐中，应请男、女主宾分别紧靠着女主人和男主人就座，以便进一步受到照顾。

（3）以右为尊。应安排宾客在主人右侧。

（4）距离定位。通常情况下，与主位近的位置高于距离主位远的位置。

（5）面门为上。

（6）交叉排列。男女应当交叉排列，生人与熟人也应当交叉排列。因此，一个用餐者的对面和两侧往往是异性，而且还有可能与其不熟悉，这样最大的好处是可以广交朋友。

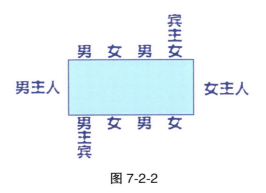

图 7-2-2

## 二、上菜顺序

（1）头盘：也称为开胃品，内容一般有冷头盘或热头盘之分，常见的品种有鱼子酱、鹅肝酱、熏鲑鱼、鸡尾杯、奶油鸡酥盒、焗蜗牛等。因为要开胃，所以开胃菜一般都具有特色风味，味道以咸和酸为主，而且数量较少，质量较高。

（2）汤：大致可分为清汤、奶油汤、蔬菜汤和冷汤四类。品种有牛尾清汤、各式奶油汤、海鲜汤、美式蛤蜊周打汤、意式蔬菜汤、俄式罗宋汤、法式焗葱头汤。冷汤的品种较少，有德式冷汤、俄式冷汤等。

（3）副菜：通常水产类菜肴与蛋类、面包类均称为副菜。鱼类菜肴一般作为西餐的第三道菜，也称为副菜。品种包括各种淡、海水鱼类，贝类及软体动物类。通常水产类菜肴与蛋类、面包类、酥盒类菜肴均称为副菜。因为鱼类等菜肴的肉质鲜嫩，比较容易消化，所以放在肉类菜肴的前面，叫法上也和肉类菜肴等主菜有区别。西餐中鱼类菜肴讲究使用专用的调味汁，品种有鞑靼汁、荷兰汁、酒店汁、白奶油汁、大主教汁、美国汁和水手鱼汁等。

（4）主菜：肉、禽类菜肴是主菜。肉类菜肴的原料取自牛、羊、猪等各个部位的肉，其中最有代表性的是牛肉或牛排。牛排按其部位又可分为沙朗牛排（也称西冷牛排）、菲力牛排、"T"骨牛排、薄牛排等。其烹调方法常用烤、煎、铁扒等。禽类菜肴的原料取自鸡、鸭、鹅等，其中最多的是鸡。其烹调方法常用煮、炸、烤等。

（5）沙拉：一类是生蔬菜沙拉，另一类是用鱼、肉、蛋类制作的沙拉。

（6）甜品：如布丁、冰淇淋、奶酪、水果等。西餐的甜品是在主菜后食用的，可以算作是第六道菜。

(7)咖啡：西餐的最后一道是饮料、咖啡或茶。饮咖啡一般要加糖或淡奶油。茶一般要加香桃片或糖。

正式的全套餐点没有必要全部都点，点太多却吃不完反而失礼。稍有水准的餐厅都不欢迎只点前菜的人。前菜、主菜（鱼或肉择其一）加甜品是最恰当的组合。点菜并不是由前菜开始点，而是先选一样最想吃的主菜，再配上适合主菜的汤。吃西餐，一般先吃水果或蔬菜沙拉，增加胃的蠕动，以减少对其他油脂类的吸收，再上汤，用温和的汤暖胃，然后吃主菜。

### 三、餐具

正宗的传统西餐餐具都应是金属制品，分为金餐具、银餐具和钢餐具。一般规格越高，其餐具也就越好。西餐餐具中最复杂的是餐刀、餐叉、餐勺的使用方法。

（1）餐刀。西餐中餐刀有好多种，主要有三种：一是切肉用的牛排刀，这种刀的锯齿比较明显，主要用于切肉排。二是正餐刀，这种刀的锯齿不明显或完全没有，主要是用来配合切割一些蔬菜、水果等软一些的食品。牛排刀和正餐刀一般平行竖放在正餐盘的右侧；如果牛排刀放在正餐刀的右侧，一般说明牛排要先于其他主菜上桌，反之亦然。三是取黄油用的黄油刀，这种刀比较小，一般摆放在黄油盘或者面包盘中。

（2）餐叉。餐叉与餐刀相似，西餐中也有很多种，其中最常见、最常用的是沙拉叉、正餐叉和水果叉。这三种叉子中最小的一种是水果叉，横放在正餐盘的上方，主要用来吃水果或者甜品。其次就是沙拉叉，也叫冷菜叉，主要用来吃沙拉和冷拼。最大的一个叫正餐叉，用来吃正餐热菜。

（3）餐勺。餐勺最常见的有三种：一是正餐勺，勺头是椭圆形的，主要是在吃正餐、主食等时使用，起到辅助餐叉的作用。二是汤勺，一般是圆头，主要用来喝汤。这两种勺子一般平行竖放在餐刀的右侧，汤勺放在正餐勺的外侧。三是甜品勺，一般平放在正餐盘的上方，主要用来吃甜品，大小要明显小于正餐勺或汤勺。

一般来说，西餐餐具最基本的使用方法是左刀右叉，"从外到里"使用各种餐具，一般先用最外侧的刀、叉、勺，逐步到最内侧的刀、叉、勺。

西餐刀叉在使用的过程中，根据摆放的位置不同，可以表示两个寓意：稍息和停止。其中，将刀、叉分开摆放在餐盘上，此时表示就餐者暂时休息，过一会儿还会继续进餐。而将刀、叉合拢摆放在餐盘上，此时表示就餐者不准备继续食用该菜，服务人员可以将盘撤走。

谈话时可以拿着刀叉，无须放下，但若需作手势时，就应放下刀叉，千万不可手执刀叉在空中挥舞摇晃。应当注意，不管何时，都不可将刀叉的一端放在餐盘上，另一端放在餐桌上。

（4）餐巾（图 7-2-3）。餐巾的第一个作用是它可以暗示宴会的开始或结束。西方人讲究女士优先，在西餐宴会上女主人是第一顺序。女主人不坐，别人是不能坐的。女主人把餐巾铺在腿上，则说明大家可以开始用餐。同样的道理，假定女主人把餐巾放在桌子上了，便是宴会结束的标志。

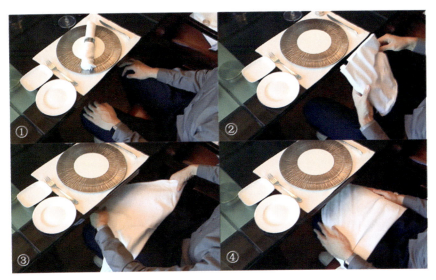

图 7-2-3

餐巾只能够铺在腿上，而不能放在别的地方。一般应把它叠成长条形或者三角形铺在腿上，防止吃饭的时候菜肴、汤汁把裙子或裤子弄脏。如果要中途离开，应把餐巾放在座椅的椅面上。此举表示一个含义：占地儿。它就相当于告诉在场的其他人，尤其是服务生，到外面有点事，回来还要继续吃。千万别把它放桌子上。客人如果把餐巾放桌子上，则等于告诉别人自己已经结束用餐。吃西餐的时候，如果要跟别人交谈，一定要用餐巾先把嘴擦一下，然后再跟别人说话。餐巾可以擦嘴，但是不能擦刀叉，也不能擦汗。

## 任务三　茶　艺

茶艺的概念有广义和狭义之分，广义的茶艺是研究茶叶的生产、制造、经营、饮用的方法和探讨茶艺的原理，以达到物质和精神全面满足的学问；狭义的茶艺是如何泡好一壶茶的技艺和如何享受一杯茶的艺术（图 7-3-1）。本书中所研究的茶艺是狭义的茶艺。

礼仪规范与训练

图 7-3-1

## 一、茶的历史

中国是茶的故乡，经过漫长的历史发展，茶已经在全世界 50 多个国家扎下了根，茶叶已经成为风靡世界的三大无酒精饮料之一。

饮茶是一门生活的艺术，注重追求品茶时的艺术情趣。茶艺萌芽于晋代，形成于唐代，成熟于宋代，发展于明清。它随着时代的发展而与时俱进，到了近代，茶艺便成为一种更为生活化和艺术化的品茶方式。

## 二、茶的分类

我国对于茶叶类别的区分可谓众说纷纭，但总体来说，茶叶的基本茶类可分为以下几种（图 7-3-2）。

图 7-3-2

（1）绿茶类，如龙井、竹叶青、黄山毛峰、洞庭碧螺春等。

（2）黄茶类，如蒙顶黄芽、广东大叶青等。

（3）白茶类，如正和银针、白云雪芽、贡眉等。

（4）青茶类，也叫乌龙茶，如大红袍、安溪铁观音、洞顶乌龙等。

（5）红茶类，如川红、滇红、祁红等。

（6）黑茶类，如安化黑茶、老青茶、云南普洱茶等。

### 三、茶的保健功能

茶叶的主要保健功能具体如下。

（1）兴奋作用。茶叶中含有的咖啡碱能兴奋中枢神经，帮助人们振奋精神、增进思维、消除疲劳、提高工作效率。

（2）利尿作用。茶叶中的咖啡碱和茶碱具有利尿作用，用于辅助治疗水肿、水潴留，有较好的效果。

（3）强心解痉作用。咖啡碱具有强心、解痉、松弛平滑肌的功效，能解除支气管痉挛，促进血液循环，对治疗支气管哮喘、止咳化痰、心肌梗死有良好的辅助作用。

（4）抑制动脉硬化作用。茶叶中的茶多酚、茶色素和维生素C都具有活血化瘀、防止动脉硬化的作用，所以经常饮茶的人，其高血压和冠心病的发病率较低。

（5）抗菌、抑菌作用。茶中的茶多酚和鞣酸作用于细菌，能凝固细菌的蛋白质，将细菌杀死。可用于治疗肠道疾病，如霍乱、伤冷、痢疾、肠炎等。皮肤生疮、溃烂流脓或是皮肤外伤，用浓茶冲洗患处，起到消炎杀菌的作用。对于口腔发炎、溃烂、咽喉肿痛等病症，用茶叶来治疗也有一定的疗效。

（6）减肥作用。茶中的咖啡碱、肌醇、叶酸、泛酸和芳香类物质等多种化合物能调节脂肪代谢，特别是乌龙茶对蛋白质和脂肪有很好的分解作用。茶多酚和维生素C能降低胆固醇和血脂，所以饮茶还具有一定的减肥功效。

（7）防蛀牙作用。茶中含有氟，氟离子与牙齿的钙质有很大的亲和力，能变成一种较难溶于酸的"氟磷灰石"，就像给牙齿加上一个保护层，提高了牙齿防酸、抗龋齿的能力。

（8）抑制癌细胞作用。据报道，茶叶中的茶多酚物质有不同程度的体外抗癌作用，对胃癌、直肠癌、口腔癌、乳腺癌、皮肤癌等均有较强的抑制效果。茶多酚及其氧化物不仅能消除致癌物及紫外线的致癌作用，达到预防效果，而且能够阻碍癌细胞的繁殖，达到一定的治疗效果。另外，茶多酚及其氧化物还有升高白细胞的作用，缓解癌症病人由于放疗和化疗带来的不良反应。

## 礼仪规范与训练

> **小贴士**
>
> **饮茶禁忌**
> （1）忌饮茶过度；
> （2）忌饮浓茶；
> （3）忌饮烫茶；
> （4）忌饮茶冲泡次数过多；
> （5）忌饭后立即饮茶；
> （6）忌饮隔夜茶；
> （7）忌用茶水服药；
> （8）忌睡前饮茶；
> （9）孕妇忌多喝茶；
> （10）忌发烧时饮茶。

### 四、泡茶的基本程序

不同的茶类有不同的冲泡方法，其礼仪要求也有不同，但需要完成的泡茶的基本程序有以下几个方面。

#### （一）温具

温具即用开水冲淋茶壶，包括壶身、壶盖等，并根据需要烫淋茶杯，随即将茶壶、茶杯的水沥干。温具的目的不仅是再次清洁，更重要的是提高器具的温度，使茶叶在冲泡后温度相对稳定，对茶叶内含物质有效析出很有帮助。这道程序对较粗老的茶叶而言，尤为重要。

#### （二）置茶

置茶即把茶叶从贮茶器中取出（可先放入茶荷中，请客人先观赏干茶，即赏茶），并按照茶壶或茶杯的大小，适量地把茶叶放置于茶壶或茶杯中。如果是盖碗泡茶，泡好后可直接饮用，也可将茶汤倒入茶杯中饮用。

#### （三）润茶

润茶即将开水（根据茶叶的不同，开水的温度调整到适当的温度）注入刚才放好茶叶的茶壶或茶杯等泡茶器中，让水与茶叶充分接触，使茶叶在水中慢慢地舒展开来，有利于茶叶有机物质的析出。润茶的茶汤根据茶叶的不同，可选择倒掉或保留。这道程序对较粗老的茶叶而言也很重要，经过润茶，才能使紧结的外形泡松散开。

## （四）冲泡

冲泡即按照茶与水的比例，将开水冲入壶内。冲水时，除乌龙茶等老茶冲水需溢出壶口、壶嘴外，其他通常以冲水七分满为宜。而对于用玻璃杯或白瓷杯冲泡细嫩名茶时，还需欣赏茶叶在水中慢慢展开的姿态，冲水也以七分满为宜。俗话说"酒满敬人，茶满欺人"，如果茶倒得太满，会烫到客人，也会影响美观和卫生。

## （五）奉茶

奉茶时，要面带微笑，最好用茶盘托着送给客人。如果直接用茶杯奉茶，应放在客人近处的桌子上，手掌五指并拢伸出，行伸掌礼，以示敬意，并说"请用茶"。客人可用右手行叩桌礼，即用右手除拇指以外的手指弯曲后轻轻敲打桌面，或点头微笑，以示谢意。

## （六）观色

冲泡好的茶汤一般不急于饮下，应先观色察形。如用玻璃杯冲泡的各类茶，人们透过玻璃杯还能看到茶叶在水中慢慢地舒展开来，并随着茶汤上下浮沉，此为欣赏茶舞。在欣赏完茶汤的色泽后，将茶杯端到鼻端嗅闻茶香，体会茶香的美。

## （七）品茶

品茶即品饮茶汤的滋味。在品味时，应让茶汤从舌尖沿舌两侧流到舌根，再回到舌头，如此反复两三次，以留下茶汤清香甘甜的回味。

## （八）续水

续水即向壶（杯）中再次倒入开水。一般当壶或杯中的茶汤剩下 1/3 时，就应续水。根据茶叶的不同，名优绿茶等通常续水两三次即可，否则就会淡而无味。对于像乌龙茶系列的老茶，民间流行有"七泡有余香"的说法，所以续水次数可适当增加。

# 任务四 咖啡文化

"咖啡"一词源自希腊语"Kaweh"，意思是"力量与热情"。有人说，咖啡如人生，苦涩之后是更为醇香的甘甜。其实，咖啡是用经过烘焙的咖啡豆制作出来的饮料，与可可、茶同为流行于世界的主要饮品（图 7-4-1）。

## 礼仪规范与训练

图 7-4-1

在世界各地，人们越来越爱喝咖啡。随之而来的"咖啡文化"充满生活的每个角落。无论在家里，还是在办公室，或是各种社交场合，人们都在品着咖啡，它逐渐与时尚、现代生活联系在一起。

相传在 1000 多年以前，一位牧羊人发现羊吃了一种植物后，变得非常兴奋活泼。牧羊人仔细一看，原来羊是吃了一种红色的果子才导致举止滑稽怪异的。他试着采了一些这种红色果子回去熬煮，没想到满室芳香，熬成的汁液喝下以后更是精神振奋、神清气爽。从此，咖啡就进入了人们的视野。

### 一、咖啡的品鉴

咖啡的品鉴需要眼到、鼻到、舌到。首先，要观看咖啡的色泽，咖啡最好呈现深棕色。其次，用手罩住咖啡杯，深吸一口气，让香味自然扑进鼻腔中，这将直接影响品尝咖啡的感受。好的咖啡在喝完之后，还能闻到杯底的咖啡香。最后要注意的是，咖啡煮好倒入杯中，温度会下降到 85℃左右，如果加糖及奶精后，温度会下降到 60℃左右，此时喝口感最好，这样我们的舌头可以充分地感知黏稠的汁液、馥郁的芬芳气息。

### 二、咖啡礼仪

咖啡一般都是用袖珍的杯子盛出，咖啡杯的正确拿法是用拇指和食指捏住杯把再将杯子端起，切忌用手指穿过杯耳再端杯子。如果是坐着喝咖啡，将杯子拿起饮用即可；如果是站立喝咖啡，一定要将咖啡碟一同拿起，左手拿碟，右手拿杯。

咖啡匙是用来搅拌咖啡的，搅拌后将咖啡匙放在咖啡碟中，匙柄与咖啡杯杯把朝向同一个方向。需要注意的是，不能用咖啡匙舀咖啡喝或者端起杯子去用嘴吹凉咖啡。如果咖啡太烫，可以用咖啡匙轻轻搅拌加速冷却或者等待咖啡温度降下来再喝。

很多时候，我们会一边喝咖啡一边品尝点心，但要注意，不要一手端咖啡杯，一手拿着点心，饮咖啡时应当放下点心，吃点心时则放下咖啡杯。

### 拓展训练

1. 布置中餐或西餐的餐桌，并设定宴请人员，为他们安排座位。
2. 关注生活中餐饮的小细节，一起讨论交流。

### 素养提升

## 筷子的十二忌讳

#### 1. 三长两短

这意思就是说在用餐前或用餐过程当中，将筷子长短不齐地放在桌子上，这种做法被认为是非常不吉利的，通常我们把它叫"三长两短"，其意思是代表"死亡"。因为有些中国人过去认为人死以后是要装进棺材的，在人装进去以后，还没有盖棺材盖的时候，棺材的组成部分是前后两块短木板，两旁加底部共三块长木板，五块木板合在一起做成的棺材正好是三长两短，所以说这是极为不吉利的事情。

#### 2. 仙人指路

这种做法也是极为不能被人接受的，这种拿筷子的方法是，用大拇指和中指、无名指、小指捏住筷子，而食指伸出。因为在吃饭时食指伸出，总在不停地指别人，这无异于指责别人，同骂人是一样的。

#### 3. 品箸留声

这种做法是把筷子的一端含在嘴里，用嘴来回去嘬，并不时地发出咝咝声响。在吃饭时用嘴嘬筷子的行为本身就是一种无礼的行为，再配以声音，更是令人生厌。所以一般出现这种做法都会被认为是缺少家教的表现。

#### 4. 击盏敲盅

在用餐时用筷子敲击盘碗，因为过去只有乞丐才用筷子击打饭盆，其发出的声响配上嘴里的哀告，使行人注意并给予施舍。

#### 5. 执箸巡城

这种做法是手里拿着筷子，做旁若无人状，用筷子来回在桌子上的菜盘里寻找，此种行为是典型的缺乏修养的表现，且目中无人，极其令人反感。

#### 6. 迷箸刨坟

这是指手里拿着筷子在菜盘里不停地扒拉，以求寻找"猎物"，就像盗墓刨坟一般。这种做法同"执箸巡城"相近，都属于缺乏教养的做法，令人生厌。

#### 7. 泪箸遗珠

实际上这是用筷子往自己盘子里夹菜时，手不利落，将菜汤流落到其他菜里或桌子上，这种做法被视为严重失礼的行为，同样是不可取的。

#### 8. 颠倒乾坤

用餐时将筷子颠倒使用是非常被人看不起的，正所谓饥不择食，以至于都不顾脸面了，这是绝对不可以的。

#### 9. 定海神针

在用餐时用一只筷子去插盘子里的菜品，这也是不可行的。

#### 10. 当众上香

这往往是出于好心帮别人盛饭时，为了方便省事，把一副筷子插在饭中递给对方。传统是为已故的人上香时才这样做，如果把一副筷子插入饭中，无疑是被视同于给已故的人上香一样，所以说，把筷子插在碗里是绝不被接受的。

#### 11. 交叉十字

这一点往往不被人们所注意，在用餐时将筷子随便交叉放在桌上，这是不对的行为，一般认为在饭桌上打叉子，是对同桌其他人的全部否定，就如同学生写错作业，被老师在作业本上打叉子的性质一样，不能被他人接受。除此以外，这种做法也是对自己的不尊敬，因为在过去吃官司画供时才打叉子，这也就无疑是在否定自己，这也是不可行的。

#### 12. 落地惊神

所谓"落地惊神"，是指失手将筷子掉落在地上，这是严重失礼的一种表现。有些中国人认为，祖先们全部长眠在地下，不应当受到打搅，筷子落地就等于惊动了地下的祖先，这是大不孝。所以，这种行为也是不被允许的。

# 项目八　中外风俗习惯

## 学习目标

1. 了解中国传统礼仪。
2. 了解中外礼仪习俗。
3. 了解礼仪在国际交流中的重要作用。

## 案例引入

中国是礼仪之邦，有着灿烂的5000年华夏文明，在世界上影响深远。在当今中西方礼仪文化的融合过程中，我们中国的礼仪文化，无论是借鉴西方的礼仪，或者是我们自创一套自己的礼仪系统，这在形式上都不难。难的是有一个完整的价值体系，有对自身文化的高度认同和深刻觉悟。文化的差异会导致我们在商务谈判中犯一些常识性错误，让对方感受不到我们的诚意。因此，理解不同的文化，可以为我们进行一次成功的商务活动奠定坚实的基础。

礼仪规范与训练

知识梳理

## 任务一　中国古代礼仪

作为一个中国人，要了解中国传统文化，就必须先了解中国的礼仪文化。古代中国在农业文明的土壤中孕育出"天人合一"的哲学思维，催生出"君子风范"的礼仪文化，二者共同展示了"礼仪之邦"的深刻内涵（图8-1-1）。

### 一、中国礼仪的起源和发展

关于礼仪的起源有很多说法。一种说法是源于祭祀活动，即严格地按照一定的程序和方式祭祀神灵，以求得赐福；另一种说法认为礼仪起源于风俗习惯，它是在一定的地域范围内，人与人长期交往所形成的风俗习惯；还有一种观点认为，礼仪是为表达自身情感而存在的，如同语言一般，因为需要才产生的。无论哪种说法，我们都可以看出，礼仪能够在人们的社会活动中，维护稳定的秩序、保持交际的和谐。

图8-1-1

礼仪的发展大致经历了四个阶段：萌芽时期、形成时期、发展时期、强化时期。

#### （一）礼仪的萌芽时期

从考古资料来看，在辽宁喀左的东北红山文化遗址（图8-1-2）中发现了公元前4000至公元前3000年的"女神庙"、积石冢和玉猪龙，发现了举行大规模祭祀活动的场所。更早的仰韶文化彩陶上的人面虫身像、墓葬中死者头颅西向而卧，均透露出远古时代礼仪制度的信息。这种崇拜的仪式便是最早礼仪的萌芽。

#### （二）礼仪的形成时期

随着私有制、阶级和国家的出现，礼仪逐渐成为统治阶级的工具。古代礼仪的范围很广，包括朝廷典法、祭祀、祈祷、婚丧嫁娶和个人言行等。我国最早的礼仪学专著形成于西周时期，"三礼"即《周礼》《仪礼》《礼记》（图8-1-3）。《周礼》使三代以来的传统之礼得到了极大的理论提升，为中华民族成为"礼仪之邦"奠定了坚实的基础。

项目八　中外风俗习惯

图 8-1-2

图 8-1-3

### （三）礼仪的发展时期

春秋战国时期是我国从奴隶社会向封建社会转型的时期。在此期间，相继涌现出孔子、孟子、荀子等思想巨人，发展和革新了以往的礼仪理论，使儒家礼学思想得以系统化，且达到了先秦时期的最高峰。

### （四）礼仪的强化时期

公元前221年，秦始皇（图8-1-4）统一六国，建立了中国历史上第一个中央集权的封建王朝，秦始皇在全国推行"书同文""车同轨""行同伦"，这成为后来延续2000余年的封建体制的基础。到了西汉，思想家董仲舒把儒家礼仪具体概括为"三纲五常"。到了明代，交友之礼更加完善。满清入关后，逐渐接受了汉族的礼制，并使其复杂化。

图 8-1-4

## 二、中国古代的人生礼仪

### （一）诞生礼

#### 1. 洗三朝

洗三朝也称"洗三"。因旧时一般都在婴儿生下三天时给婴儿洗澡，故称"洗三"。据说，这样可以洗去婴儿从"前世"带来的污垢晦气，使之大吉大利、平平安安。"洗三"风俗起源很早，唐代便已经盛行了。洗儿，有用桃树根、李树根、梅树根各二两，用水煎煮，去渣后浴儿的，这样能去不祥之气，终身无疮无疥；也有用端午艾叶二斤、虎头骨一枚，以水三斤煮汤沐浴的，能辟恶气；还有用姜葱等煎汤的，葱取聪明伶俐之意，姜与"强"近音，取孩子强壮之意。

#### 2. 满月礼

满月礼是婴儿出生满一个月举行的庆贺礼，它是人生的开端礼。新生儿满月时，主人

109

宴请宾客，应邀的客人都要送礼，礼物多以婴儿用品为主，包括玩具、长命锁、衣服、饰品等。剃"满月头"，满月时为小孩第一次理发，称为剃胎发；移巢、满月游走等，即满月后可以由人抱着婴儿四处走动了，象征孩子终将离开母亲的怀抱，闯荡世界。

### 3. 百日礼

婴儿出生100天称百日礼，象征"圆满、完全"，由比较亲密的亲友送来贺礼，其中最具特色的是百家衣和百家锁。百家衣是要从许多人家那里讨来各种颜色的布头，拼凑成一件小孩的衣服，五颜六色，别具风采，寓意长寿。百家锁往往也是集百家的金银或铜，特地为孩子打制的，上面一般铸有"长命百岁""长命富贵"一类的吉祥语。

### 4. 周岁礼

周岁礼是孩子的第一个生日。周岁礼中一种别致的仪式是"抓周"。父母为了预测孩子将来的志向爱好，在其面前放上弓箭、笔墨、食品、珍宝等，大人们不加以诱导，看幼儿抓什么东西，以此预测孩子的兴趣爱好。

## （二）成年礼

成年礼表示男女青年到了一定年龄，可以婚嫁，并从此作为氏族的一名成年人参加各项活动。成年礼须由氏族长辈依据传统习俗为青年举行一定的仪式，才能获得承认。男子为冠礼，女子为笄礼。

### 1. 男子的冠礼

经书记载，实行于周代。按周制，男子20岁行冠礼（图8-1-5）。首先确定吉日，并告知亲友。行礼时，主人（一般是受冠者之父）、大宾及受冠者都穿礼服。先加缁布冠，次授以皮弁，最后授以爵弁。三次加冠，象征着冠者从此获得了成人、服兵役、参加祭祀的资格。然后，受礼者拜见其母，再由大宾为他取字。后世因时、因地而有变化，民间自15岁至20岁举行，各地不一。清中期以后，多移至娶妻前数日或前一日举行。

### 2. 女子的笄礼

自周代起，女子年过15岁，如已许嫁，便得举行笄礼（图8-1-6）。将发辫盘至头顶，用簪子插住，以示成年及身有所属。笄礼作为女孩子的成人礼，像男子的冠礼一样，也是表示成人的一种仪式，在举礼的程序等问题上，大体和冠礼相同。只是主人由女子的母亲出面，加笄的人也是女宾。

## （三）婚礼

古代人非常重视婚姻关系，认为婚姻是"人伦之基"。因此男女之间要经过纳采、问名、纳吉、纳征、请期、亲迎六礼，婚姻关系才算正式确立。

（1）纳采。男家看重了某家女孩，就派人去提亲，征求对方意见。男家带去礼物，女方同意议婚就收下礼物。

图 8-1-5

图 8-1-6

（2）问名。男方请媒人到女家询问女方名字、生日、籍贯等，有的还要问三代以及官职等。女方把这些信息写成庚帖交给媒人，男方接到庚帖要请人占卜。如果男女双方的八字相合就可以定亲。

（3）纳吉。男方得知女子之名后，即在祖庙进行占卜，预测婚姻是否吉顺。获得吉兆后，就派人到女家道喜，这就是纳吉。

（4）纳征。指男家向女家送聘礼。到了这一步，婚约已经完全成立。

（5）请期。男方送过聘礼之后，请人占卜求得一个吉利的迎娶日子，并与女家商议，反复商榷最后才能确定。

（6）亲迎。就是现在所说的"迎亲"，是六礼中最核心的内容。即新郎亲自去女家迎娶新娘。

### （四）丧礼

丧礼指有关丧事的礼仪、礼制。据唐《开元礼》记载，一般的丧葬礼仪程序有66道，司马光《书仪·葬礼》中的丧葬礼仪程序已经大大缩减，但还有25道之多。历史上，由于时代、民族、地域的不同，丧礼礼仪程序也都有差异，但是都具有等级分明、形式繁缛这两个显著的特点。反映了宗法社会中人们的伦理思想和宗教观念，是古代文化的重要组成部分。

## 三、中国传统节日

### （一）春节

春节代表着新的开始与新的希望，是中国民间传统中最为隆重和盛大的节日。历朝历代，无论是达官显贵还是贩夫走卒，所有的中国人都把春节看作喜庆团聚的好日子。春节古称元旦，从腊月二十四开始到正月十五，都称作春节。一般的习俗有扫尘、贴春联、办年货、吃团年饭、守岁、放鞭炮、拜年等。

### （二）元宵节

元宵节主要的节俗活动有元宵燃灯、猜灯谜、吃元宵、迎紫姑、走百病等。

### （三）清明节

清明节的起源，据传始于古代帝王将相的"墓祭"之礼，后来民间也效仿，于此日祭祖扫墓，历代沿袭而成为中华民族一种固定的风俗。扫墓祭祖、踏青、插柳，都是清明节的习俗传统。

### （四）端午节

端午节起源于中国，最初是祛病防疫的节日，春秋时期以前，吴越之地有在农历五月初五以龙舟竞渡形式举行部落图腾祭祀的习俗，后因诗人屈原在这一天死去，变成了汉族人纪念屈原的传统节日，部分地区也有纪念伍子胥、曹娥等说法。端午节有吃粽子，饮雄黄酒，挂菖蒲、蒿草、艾叶，熏苍术、白芷，赛龙舟的习俗。

### （五）中秋节

古代帝王祭月在八月十五，恰逢三秋之半，故名"中秋节"。中秋节有祭月、赏月、观潮、燃灯、猜谜、吃月饼的传统。

### （六）重阳节

重阳节是杂糅多种民俗为一体的汉族传统节日。庆祝重阳节一般包括出游赏景、登高远眺、观赏菊花、遍插茱萸、吃重阳糕、饮菊花酒等活动。

### （七）冬至

我国古代对冬至极其重视，冬至被当作古代一个大节日，曾有"冬至如大年"的说法。冬至过节源于汉代，盛于唐宋，流传至今。较为普遍的是吃馄饨的风俗，除此之外，南方盛行吃汤圆，北方有吃羊肉和狗肉的习俗。

## 任务二 涉外礼仪

涉外礼仪是涉外交际礼仪的简称，即中国人在对外交际中，用以维护自身形象，对交往对象表示尊敬与友好的约定俗成的习惯做法。在涉外活动中，既要向交往对象表达出尊重友好之意，又要维护好国格和人格。只有了解涉外礼仪的内容和要求，掌握与外国人交往的技巧，才能塑造良好的国际交往形象，获得良好的交往效果，实现交往的预期目的。

## 一、涉外礼仪的基本原则

（1）维护国家利益。
（2）塑造不卑不亢的国际交往形象。
（3）注意保密。
（4）尊重国外不同的文化习俗。
（5）遵从国际惯用的表达方式。

国际惯例是国际交往中约定俗成的标准化、正规化的做法。国际惯例一般来自国际法，另一方面来自国际社会习惯的做法。在国际交往中，由于地域、民族、文化以及习俗存在差别，只有通过遵守国际通行的规矩来进行沟通，才能实现有效沟通。

## 二、涉外活动的基本礼仪

### （一）称呼礼仪

和外国人交往，一般应该冠以姓名、职称、职务，对于部长以上的级别，可以称阁下，如部长阁下、总统阁下，国王称陛下，王子公主称亲王殿下。

如果一个人有多种头衔，学术头衔在前，政治头衔在后。

### （二）遵时守约

按照与外方事先约定的双方交往时间，准确地加以执行，参加正式会议、会见或其他类型的社交聚会时，要养成正点抵达的良好习惯，姗姗来迟或提前到场，都会显得不合时宜。前者会令其他人士等待太久，后者则会使主方人士措手不及。

### （三）女士优先

在社交场合，每一位成年男子都有义务主动自觉地以自己的实际行动去尊重女性、照顾女性、保护女性，但这不意味着女性是弱者，而是像尊重母亲一样尊重女性。

### （四）尊重隐私

外国人看作是"不可告人"的隐私包括收入支出、年龄、婚姻、健康状况、个人经历、政治观点、家庭住址等，在与外国人交往中，不该过问这些内容。

礼仪规范与训练

## 任务三　外国的习俗礼仪

### 一、西方国家习俗礼仪

#### （一）美国

美国人一般性情开朗、乐于交际、不拘礼节。第一次见面不一定行握手礼，有时只是笑一笑，说一声"Hi"或"Hello"就算有礼了。

美国人忌讳别人冲他伸舌头，认为这种举止是污辱人的动作。他们讨厌蝙蝠，认为它是吸血鬼和凶神的象征。部分美国人忌讳问个人收入和财产情况，忌讳问妇女婚否、年龄以及服饰价格等私人问题。

#### （二）加拿大

加拿大人在上班的时间一般要穿西服、套裙。参加社交活动时往往要穿礼服或时装，在休闲场合则讲究自由穿着。握手被认为是一种友好的表示。如果被邀到别人家做客，明智的选择是给主人送些鲜花。不要送白色的百合花，它们是与葬礼联系在一起的。

加拿大人对法式菜肴比较偏爱，并以面包、牛肉、鸡肉、土豆、西红柿等物为日常之食。从总体上讲他们以肉食为主，特别爱吃奶酪和黄油。忌讳吃各种动物内脏，不爱吃肥肉。

忌讳"13""星期五"，认为"13"是厄运的数字，"星期五"是灾难的象征。

#### （三）澳大利亚

澳大利亚人的饮食习惯、口味和英国人差不多。菜清淡、不吃辣。家常菜有煎蛋、火腿、脆皮鸡、油爆虾、糖醋鱼、熏鱼、牛肉等。啤酒是最受欢迎的饮料。

在澳大利亚人眼里，兔子是一种不吉利的动物。

澳大利亚人喜欢体育活动，游泳和日光浴是人们的癖好（图8-3-1）。

图 8-3-1

## （四）英国

英国是绅士之国，讲究文明礼貌，注重修养。同时也要求别人对自己有礼貌。注意衣着打扮，什么场合穿什么服饰都有一定惯例。见面时对尊长、上级和不熟悉的人用尊称，并在对方姓名前面加上职称、衔称或先生、女士、夫人、小姐等称呼。亲友和熟人之间常用昵称。在大庭广众之下，人们一般不行拥抱礼，男女之间除热恋情侣外一般不手拉手走路。英国人不轻易表露感情或表态，他们认为夸夸其谈缺乏教养，自吹自擂是低级趣味。人们交往时常用"请""对不起""谢谢"等礼貌用语，即使家庭成员间也一样。

普通家庭一日三餐（即早餐、午餐、晚餐），他们是以晚餐为正餐。阔绰人家则一日四餐（即早餐、午餐、茶点和晚餐）。不愿意吃黏汁的菜肴；忌用味精调味；也不吃狗肉。口味不喜欢太咸，偏爱烧、煮、蒸、烙、焗和烘烤等烹调方法制作的菜肴。

英国人普遍喜爱喝茶，"下午茶"几乎成为英国人的一种必不可少的生活习惯，即使遇上开会，也要暂时休会饮"下午茶"。不喝清茶，要在杯里倒冷牛奶或鲜柠檬，加点糖，再倒茶制成奶茶或柠檬茶。如果先倒茶后倒牛奶会被认为是缺乏教养的表现。他们还喜欢喝威士忌、苏打水、葡萄酒和香槟酒，有时还喝啤酒和烈性酒，彼此间不劝酒。

对英国人称呼"英国人"时要特别慎重。因为"英国人"一般特指"英格兰人"，而你接待的宾客，可能是英格兰人、威尔士人或北爱尔兰人，"不列颠"这个称呼则能让所有的英国人都感到满意。

英国人忌讳用人像、大象、孔雀作服饰图案和商品装潢。他们普遍认为大象是愚笨的，孔雀是淫鸟、祸鸟，连孔雀开屏也被认为是自我吹嘘和炫耀。忌讳"13"这个数字，还忌讳"3"这个数字，忌讳用同一根火柴给第3个人点烟。和英国人坐着谈话时忌讳两腿张得过宽，更不能翘起二郎腿。如果站着谈话不能把手插入衣袋。忌讳当着他们的面耳语和拍打肩背，忌讳有人用手捂着嘴看着他们笑，一般认为这是嘲笑人的举止。忌讳送人百合花，他们认为百合花意味着死亡。

## （五）法国

法国人热情开朗，初次见面就能亲热交谈，而且滔滔不绝。法国人讲究服饰美，特别是妇女穿得非常时尚，特别喜欢使用化妆品，光口红就有早、中、晚之分。法国是世界上最早公开行亲吻礼的国家，也是使用亲吻礼频率最多的国家。和法国人约会必须事先约定时间，准时赴约是有礼貌的表示，但不要提前。法国人在公共场所不能动作懒散，不能大声喧哗。

法国的烹调世界闻名、用料讲究，花色品种繁多，口味特点香浓味原、鲜嫩味美，注重色、形和营养。法国人烹调时用酒比较重，肉类菜烧得不太熟。有的肉最多八分熟，牡蛎一般都喜欢生吃。配料喜欢用蒜、丁香、香草、洋葱、芹菜、胡萝卜等。他们不喜欢吃辣的食物。

法国人忌讳黄色的花，认为是不忠诚的表现；忌讳黑桃图案，认为不吉祥。不送香水或化妆品给恋人、亲属之外的女人，因为这些他们认为象征着过分亲热或是图谋不轨。

## （六）德国

德国人讲究信誉，极端自尊，待人热情，爱好音乐。德国人重视称呼，这是德国人人际交往中的一个鲜明特点。对德国人称呼不当，通常会令对方大为不快。一般情况下，切勿直呼德国人的名字。称其全称，或仅称其姓也可以。和德国人交谈时，切勿疏忽对"您"与"你"这两种人称代词的使用。对于熟人、朋友、同龄者，方可以"你"相称。在德国，称"您"表示尊重，称"你"则表示地位平等、关系密切。

德国人对发型较为重视。男士不宜剃光头，少女的发式多为短发或披肩发，烫发的妇女大多都是已婚者。德国人注意衣着打扮，外出的时候必须穿戴整齐。在公共场合窃窃私语，被认为是十分无礼的表现。约会准时，时间观念强。待人热情、好客、态度诚实可靠。宴席上，男子坐在妇女和地位高的人的左侧，女士离开和返回饭桌时，男子要站起来以示礼貌。

德国人最爱吃猪肉，其次是牛肉，忌讳吃核桃。如果同时喝啤酒和葡萄酒，要先喝啤酒，然后再喝葡萄酒，否则被视为有损健康。

在德国，蔷薇专用于悼亡，不可以随便送人。

## （七）意大利

在意大利，当着别人的面打喷嚏或咳嗽，被认为是不礼貌和讨嫌的事，所以本人要马上对旁边的人表示"对不起"。女士需要受到尊重，特别是在各种社交场合，女士处处优先。

意大利人热情好客，待人接物彬彬有礼。在正式场合，穿着十分讲究。见面时握手或招手示意。对长者、有地位和不太熟悉的人，要称呼他的姓，加上"先生""太太""小姐"和荣誉职称。和意大利人谈话要注意分寸，一般谈论工作、新闻、足球，不要谈论政治和美式橄榄球。

意大利人有早餐喝咖啡、吃水果、喝酸奶的习惯。酒特别是葡萄酒是意大利人离不开的饮料，无论男女几乎每餐都要喝啤酒，甚至在喝咖啡时，也要掺上一些酒。意大利人忌讳菊花。

## （八）俄罗斯

俄罗斯人性格开朗、豪放、集体观念强。他们和人见面时，大都行握手礼、拥抱礼。他们还有施吻礼的习惯：一般朋友之间或长辈对晚辈之间，以吻面颊者为多，不过长辈对晚辈以吻额为更亲切和更慈爱；男子对特别尊重的已婚女子，一般多行吻手礼，以示谦恭和崇敬。吻唇礼一般只在夫妇或情侣间使用。

主人给客人吃面包和盐，是最殷切的表示。一般对晚餐要求较简单，对早、午餐较重视。用餐时间都习惯拖得很长。乐于品尝不同风味的菜肴，菜肴喜欢熟透和酥烂。

在待客中，常以"您"字表示尊敬和客气，而对亲友则往往用"你"字相称，认为表示出对亲友的热情和友好。外出时，十分注重仪容仪表，习惯衣冠楚楚。男子外出活动时，一定要把胡子刮净，赴约要准时，在社交场合，处处表现尊重女性。和俄罗斯人说话，要坦诚相见，不能在背后议论其他人，更不能说他们小气，对妇女要十分尊重，忌讳问年龄和服饰价格等私人问题。

俄罗斯人不吃海参、海蜇、墨鱼、木耳。偏爱"7"，认为"7"预兆会办事成功，"7"还可以给人们带来美满和幸福。他们普遍偏爱红色，把红色视为美丽和吉祥的象征。应邀去俄罗斯人家里做客时可带上鲜花或烈性酒，送艺术品或图书做礼品是受欢迎的。女主人对来访客人带给她的单数鲜花是很喜欢的，男主人则喜欢高茎、艳丽的大花。

俄罗斯人对盐十分崇拜，并视盐为珍宝和祭祀用的供品。认为盐具有驱邪除灾的力量。如果有人不慎打翻了盐罐，或是将盐撒在地上，便认为是家庭不和的预兆。为了摆脱凶兆，他们总习惯将打翻在地的盐拾起来撒在自己的头上。认为兔子是一种怯弱的动物，如果从自己眼前跑过，那便是一种不祥的兆头。忌讳黑色，认为黑色是丧葬的代表色。他们重视文化教育，喜欢艺术品和艺术欣赏。所以，和他们谈论艺术是个很受欢迎的话题。

## 二、东方国家习俗礼仪

### （一）韩国

韩国人讲究礼貌，待客热情。见面时，一般用咖啡、不含酒精的饮料或大麦茶招待客人，有时候还加上适量的糖和淡奶。

韩国人初次见面时，经常交换名片。很多韩国人养成了通报姓氏的习惯，并和"先生"等敬称联用。韩国一半以上居民姓金、李、朴。韩国人洽谈业务，往往在旅馆的咖啡室或附近类似的地方举行。大多数办公室都有一套会客用的舒适的家具，在建立密切的工作关系之前，举止合乎礼仪是至关重要的。

去韩国人家里做客，按习惯要带一束鲜花或一份小礼物，用双手奉上。不要当着赠送者的面把礼物打开。进到室内，要把鞋子脱掉留在门口。

韩国的农历节日和我国差不多，也有春节、清明节、端午节、中秋节。韩国人以米饭为主食，早餐也习惯吃米饭，不吃粥，还喜欢吃辣椒、泡菜，吃烧烤的时候要加辣椒、胡椒、大蒜等辛辣的调味品。汤是每餐必不可少的，有时候汤里放猪肉、牛肉、狗肉、鸡肉，有时候也简单地倒些酱油、加点豆芽。韩国人对边吃饭边谈话非常反感。韩国人不轻易流露自己的感情，公共场所不大声说笑，特别是女性在笑的时候还要用手帕捂着嘴，防止出声失礼。在韩国，妇女十分尊重男子，双方见面的时候，女性总会先向男性行鞠躬礼，致意问候。男子同座的时候，往往也是男性在上座，女性在下座。

韩国人对"4"非常反感。许多楼房的编号严禁出现"4"字；医院、军队绝不用"4"字编号。韩国人在喝茶或喝酒的时候，主人总是以"1""3""5""7"的数字为单位来敬酒、敬茶、布菜，并忌讳用双数停杯罢盏。

## （二）日本

日本几乎全都是大和民族。日本是一个注重礼仪的国家。在日常生活中，都互致问候，脱帽鞠躬，表示诚恳、可亲。初次见面，向对方鞠躬90°，而不一定握手。如果是老朋友或比较熟悉的人就主动握手，甚至拥抱。遇到女宾，女方主动伸手才可以握手。如果需要谈话，应到休息室或房间交谈。日本人一般不用香烟待客，如果客人要吸烟，要先征得主人的同意。日本人注意装扮，平时穿着大方整洁。在正式场合一般穿礼服，男子大多穿成套的深色西服，女子穿和服。在天气炎热的时候，不随便脱衣服，如果需要脱衣服，要先征得主人的同意。在一般场合，只穿背心或赤脚被认为是失礼的行为。在日本，"先生"的称呼只用来称呼教师、医生、年长者、上级或有特殊贡献的人，如果对一般人称"先生"，会让他们感到难堪。

和日本人谈论茶道是非常受欢迎的行为。茶道是日本人用来修身养性、进行交际而特有的高尚技艺，是一种讲究礼仪、陶冶情操的民间习俗（图8-3-2）。他们喝茶不直接把茶叶放进茶杯，而是放到小巧玲珑的茶壶里，而且总是以半杯为敬，一般不再续茶。

图 8-3-2

不管家里还是餐馆里，座位都有等级，一般听从主人的安排就行。日本商人比较重视建立长期的合作伙伴关系。赠送礼品时，非常注重阶层或等级，因此不要给他们赠送太昂贵的礼品，以免他们误认为你的身份比他们高。

日本不太流行付小费，如果拿不准，就不给。付小费时把钱放在信封里或用纸巾包裹着，日本人认为收现钞是一件很难堪的事。日本人不喜欢紫色，认为这是悲伤的色调，最忌绿色，认为是不祥之兆；忌荷花图案，认为是妖花；忌"9""4"等数字。赠送礼品的时候，不要赠数字为"9"的礼物，因为日语里"9"的读音和"苦"一样。"4"的发音和"死"相同，所以在安排食宿时，要避开4层楼4号房间4号餐桌等。日本商人还忌讳"2月""8月"，因为这是营业淡季。

日本人用筷子很讲究，筷子都放在筷托上。还有"忌八筷"的习俗，就是不能舔筷、迷筷、移筷、扭筷、剔筷、插筷、跨筷、掏筷。把书法作品或是精美的印章送给日本人是比较受欢迎的。我们中国人喜欢把印章的边缘特意刻成破碎型，以示古老苍劲。如果这样送给日本朋友，对方就不会高兴了，他们大多认为这种不完整的物品是不吉利的。

### （三）新加坡

在新加坡，马来语为国语。新加坡人十分讲究礼仪。新加坡华裔在礼仪方面和我国相似，而且还保留了中国古代传统，比如两人见面时，相互作揖。通常的见面礼节是鞠躬、握手。印度血统的人仍保持印度的礼节和习俗，妇女额上点着檀香红点，男人扎白色腰带，见面时合十致意。在新加坡随地吐痰、扔弃物都要受到法律制裁。

### （四）泰国

泰国人的待人接物有许多约定俗成的规矩。朋友相见，双手合十，互致问候。晚辈向长辈行礼时，双手合十举过前额，长辈也要合十回礼。年纪大或地位高的人还礼时，双手不必高过前胸。行合十礼时，双手举得越高，表示尊重程度越高。泰国人也行跪拜礼，但要在特定场合，平民、官员在拜见国王和国王近亲的时候行跪拜礼。国王拜见高僧的时候要下跪。儿子出家为僧，父母也跪拜在地。从坐着的人们面前走过时，要略微躬身，表示礼貌。

泰国人非常重视头部，认为头颅是神圣不可侵犯的。如果用手触摸泰国人的头部，会认为是极大的侮辱。如果用手打了小孩的头，认为小孩一定会生病。睡觉忌讳头朝西，因为日落西方象征死亡。忌讳用红色签名，因为人去世后是用红笔把姓氏写在棺材上的。脚被认为是低下的，忌把脚伸到别人跟前，也不能把东西踢给别人。就座时，最忌讳翘腿。把鞋底对着别人，被认为是把别人踩在脚底下，是一种侮辱性的举止。妇女就座时，双腿要靠拢，否则会被认为没有教养。当着泰国人的面，不要踩门槛，他们认为门槛下住着神灵。在泰国，男女仍然遵守授受不亲的戒律，所以男女不能过于亲近。喜欢红色、黄色，忌讳褐色。

泰国人习惯用颜色表示星期。如红色是星期日，紫红色是星期六，淡蓝色是星期五，橙色是星期四，绿色是星期三，粉红色是星期二，黄色是星期一。

### （五）印度

在印度，月亮是一切美好事物的象征。印度人相见应递交英文名片。英语是印度的商业语言。主客见面时，都要用双手合十在胸前致意。口中念着"纳玛斯堆"（梵文："向您点头"，现在表示问好或祝福）。晚辈在行礼的时候弯腰摸长者的脚，表示对长辈的尊敬。男子不能和妇女握手。许多家庭妇女忌讳见陌生男子，不轻易和外人接触。但如果邀请男子参加社交活动时应请他们偕夫人同来。一般关系的男女不能单独谈话。

印度人是用摇头表示赞同，用点头表示不同意。人们用手抓耳朵表示自责；召唤某人的动作是将手掌向下摆手指，但不能只用一个指头；指人时也要用整个手掌，不能用一两个指头。

到印度庙宇或家庭做客，进门必须脱鞋。迎接贵客时，主人常献上花环，套在客人的颈上。

花环的大小长度视客人的身份而定。献给贵宾的花环既粗又长，超过膝盖。给一般客人的花环仅到胸前。妻子送丈夫出远门，最高礼节是摸脚跟和吻脚。到印度家庭做客时，可以带水果和糖果作为礼物，或给主人的孩子们送点礼品。用右手拿食物、礼品和敬茶，不用左手，也不用双手。就餐的时候，印度教徒最忌讳在同一个容器里取用食物。也不吃别人接触过的食物，甚至别人清洗过的茶杯，也要自己再洗涤一遍后才使用。喜欢分餐进食，注重菜品酥烂，一般口味不喜太咸，偏爱辣味。主食以米饭为主，对面食中的饼类也感兴趣。不吃菇类、笋类、木耳。信奉印度教和锡克教的人，忌讳吃猪肉、牛肉。他们一般不喝酒，因为喝酒是违反宗教习惯的，但有喝茶的习惯，方式是"舔饮"，也就是把奶茶盛在盘子中，用舌头舔着喝。印度人吃素食的人较多，等级越高，吃荤越少。

忌讳白色，习惯用百合花作悼念品。他们忌讳弯月图案，视"1""3""7"为不吉祥数字。和印度人交谈，要回避有关宗教矛盾、和巴基斯坦的关系、工资以及两性关系的话题。印度牛被视为神圣的象征，忌讳吃牛肉，忌讳用牛皮制品。崇拜蛇，视杀蛇为触犯神灵。忌讳用澡盆给孩子洗澡，认为是"死水"，是不人道的行为。

### （六）印度尼西亚

印度尼西亚素称"千岛之国"。印度尼西亚人初次见面都要交换名片，他们在拿东西给别人或者向别人拿东西的时候，都要用右手而不用左手，也不用双手。左手是拿"不干净"的东西。

印度尼西亚人喜欢客人到他们家中做客访问，而且在一天中任何时间去拜访他们，都是受欢迎的。在印度尼西亚人的家里，切忌摸小孩的头。在印度尼西亚，进行裸体太阳浴是非法的。和别人谈话或进别人家里都要摘下太阳镜。拜访印度尼西亚商人时都要带上礼物，收下礼物即意味着承担了某种责任。如果你去的印度尼西亚人家里铺着地毯，那你在进屋前要把鞋脱掉。进入圣地特别是进入清真寺，一定要脱鞋。参观庙宇或清真寺，不能穿短裤、无袖服、背心或裸露的衣服。进入任何神圣的地方，一定要脱鞋。在巴厘，进入寺庙必须在腰间束腰带。

印度尼西亚人爱吃大米饭和中国菜，早餐一般吃西餐，爱喝红茶、葡萄酒、香槟酒等。副食爱吃牛、羊、鱼、鸡之类的肉和内脏。忌讳吃猪肉食品，忌饮烈性酒，不爱吃海参，也不吃带骨带汁的菜和鱼肚等。

## 三、非洲国家习俗礼仪

### （一）埃及

埃及地跨非、亚两洲。埃及人正直、爽朗、宽容、好客。他们往往以幽默的心情来应付严酷的现实生活。晚餐在日落以后和家人一起共享，所以在这段时间内，有约会是失礼的行为。

埃及人通常以"耶素"（就是不发酵的平圆形埃及面包）为主食,进餐时与"富尔"（煮豆）、"克布奈"（白乳酪）、"摩酪赫亚"（汤类）一并食用。他们喜食羊肉、鸡肉、鸭肉、鸡蛋以及豌豆、洋葱、南瓜、茄子、胡萝卜、土豆等。在口味上,一般要求清淡、甜、香、不油腻。烤全羊是他们的佳肴。他们习惯用自制的甜点招待客人,客人如果谢绝不吃,会失敬于人。

埃及人在正式用餐时,忌讳交谈,否则会被认为是对神的亵渎行为。埃及人喜欢喝红茶。他们有饭后洗手、饮茶聊天的习惯。不吃虾、蟹等海鲜,动物内脏（除肝外）、鳝鱼、甲鱼等怪状的鱼。男士不要主动和妇女攀谈;不要夸人身材苗条;不要称道埃及人家里的东西,否则会认为你在向他索要。在埃及,到了下午3至5点,人们大都忌讳针。商人决不卖针,人们也不买针,即使有人愿出10倍的价钱买针,店主也会婉言谢绝,绝不出售。在埃及,进伊斯兰教清真寺时,务必脱鞋。埃及人爱绿色、红色、橙色,忌蓝色和黄色,认为蓝色是恶魔,黄色是不幸的象征,遇丧事都穿黄衣服。喜欢金字塔型莲花图案。禁穿有星星图案的衣服,除了衣服,有星星图案的包装纸也不受欢迎。"3""5""7""9"是人们喜爱的数字,忌讳"13",认为它是消极的。吃饭时要用右手抓食,不能用左手。

### （二）南非

南非位于非洲大陆的最南端。南非社交礼仪可以概括为"黑白分明""英式为主"。白人的社交礼仪特别是英式社交礼仪广泛地流行于南非社会。在社交场合,南非人所采用的普遍见面礼节是握手礼,他们对交往对象的称呼则主要是"先生""小姐"或"夫人"。在黑人部族中,尤其是广大农村,南非黑人往往会表现出和社会主流不同的风格。比如,他们习惯以鸵鸟毛或孔雀毛赠给贵宾,客人得体的做法就是把这些珍贵的羽毛插在自己的帽子或头发上。在城市里,南非人的穿着打扮基本比较西式化。在正式场合,他们都讲究着装端庄、严谨。南非黑人通常还有穿着本民族服装的习惯。

南非当地白人以吃西餐为主,经常吃牛肉、鸡肉、鸡蛋和面包,爱喝咖啡和红茶。而黑人喜欢吃牛肉、羊肉,主食是玉米、薯类、豆类。南非著名的饮料是如宝茶。在南非黑人家做客,主人一般送上刚挤出的牛奶或羊奶,有时是自制的啤酒。客人一定要多喝,最好一饮而尽。

信仰基督教的南非人忌讳数字"13"和星期五;南非黑人非常敬仰自己的祖先,他们特别忌讳外人对自己的祖先言行失敬。

### （三）尼日利亚

尼日利亚位于西非东南部,是西非的"天府之国"。

尼日利亚有许多部族,其习俗与文化传统有很大差别,所以他们的生活方式也截然不同。施礼前,总习惯先用大拇指轻轻地弹一下对方的手掌再行握手礼。

尼日利亚人和人交谈的时候,从不盯视对方,也忌讳对方盯视自己,因为他们认为这

## 礼仪规范与训练

是不尊重人的举止。他们忌讳用左手传递东西或食物，忌讳"13"。已婚妇女最忌讳吃鸡蛋，她们认为妇女吃了鸡蛋就不会生育。尼日利亚伊萨人认为食指是不祥之物，无论谁用右手的食指指向自己，都是一种挑衅的举动。如果有人伸出手并张开五指对向自己，更是粗暴地侮辱人的手势，相当于辱骂祖宗。他们用餐一般习惯以手抓饭，社交场合也使用刀叉。

### 拓展训练

1. 你家是怎样度过中国传统节日的？大家一起交流讨论一下。
2. 你知道的中国传统礼仪还有哪些？

# 项目九　形体基础训练内容

## 学习目标

1. 使学生通过形体基础训练，全面提高身体素质。
2. 矫正形体上的不良姿态，尤其对身体的颈、肩、背、腰等部位进行强化训练。
3. 增强自身的控制能力和美感。

## 任务一　关节训练

### 1. 动作要求

身体保持站立形态，双肩下沉。

### 2. 准备姿态

脚站正步位，两腿并拢，腰背挺直，两手下垂，头向上顶，双眼平视前方（图 9-1-1）。

图 9-1-1

# 礼仪规范与训练

## 一、头部训练

（1）第一个 8 拍。

第 1~2 拍：第 1 拍颈部放松，头向前低下（图 9-1-2），第 2 拍头复原。

第 3~4 拍：第 3 拍头向后仰（图 9-1-3），第 4 拍头复原。

图 9-1-2　　　　　　　　图 9-1-3

第 5~6 拍：第 5 拍头向左倾（图 9-1-4），第 6 拍头复原。

第 7~8 拍：动作同第 5~6 拍，方向相反（图 9-1-5）。

图 9-1-4　　　　　　　　图 9-1-5

（2）第二个 8 拍：重复第一个 8 拍的动作。

（3）第三个 8 拍。

第 1~2 拍：头向左水平方向转最大限度（图 9-1-6）。

第 3~4 拍：头复原。

第 5~8 拍：动作同第 1~4 拍，方向相反。

（4）第四个 8 拍。

第 1~4 拍：头向左环绕一周。

第 5~8 拍：头向右环绕一周，最后头复原。

## 二、肩部训练

（1）第一个 8 拍。

第 1~2 拍：第 1 拍两手下垂，左肩向上耸起。第 2 拍左肩落下。

第 3~4 拍：动作同第 1~2 拍，方向相反。

第 5~8 拍：重复第 1~4 拍动作。

图 9-1-6

（2）第二个 8 拍。

第 1~2 拍：第 1 拍双肩耸起，第 2 拍双肩落下。

第 3~8 拍：动作同第 1~2 拍，重复三遍。

（3）第三个 8 拍。

第 1~4 拍：左肩由前向后做圆肩。

第 5~8 拍：动作同第 1~4 拍，方向相反。

（4）第四个 8 拍。

第 1~4 拍：左肩由后向前做圆肩。

第 5~8 拍：动作同第 1~4 拍，方向相反。

## 三、腰部训练

（1）第一个 8 拍：原位平坐于地面，两腿并拢绷脚，两手身后扶地（图 9-1-7）。

（2）第二个 8 拍。

第 1~2 拍：双臂从两侧至头上（图 9-1-8）。

## 礼仪规范与训练

图 9-1-7

图 9-1-8

第 3~4 拍：上体向前下腰，尽量用腹部贴近大腿，双手抱脚跟。

第 5~8 拍：重复第 1~4 拍动作。

（3）第三个 8 拍：重复第二个 8 拍的动作，最后两拍双手返回地面。

（4）第四个 8 拍。

第 1~2 拍：左手至三位，向右下旁腰。

第 3~4 拍：起直。

第 5~8 拍：重复第 1~4 拍动作。

（5）第五个 8 拍：动作同第四个 8 拍，方向相反。

（6）第六个 8 拍。

第 1~2 拍：双手扶地面，向右拧腰。

第 3~4 拍：身体复原。

第 5~8 拍：动作同第 1~4 拍，方向相反。

（7）第七个 8 拍：重复第六个 8 拍的动作。

（8）第八个 8 拍：双跪向后下腰，双手扶脚跟处。

## 任务二　腿部力量和柔韧训练

### 一、地面勾绷脚训练

**1. 准备姿态**

平坐于地面，两腿并拢，绷脚伸直，上身直立，两手身后扶地（图 9-2-1）。

## 项目九 形体基础训练内容

图 9-2-1

### 2. 动作过程

（1）第一个 8 拍。

第 1~2 拍：双脚勾脚趾。

第 3~4 拍：勾脚掌（图 9-2-2）。

第 5~6 拍：绷脚背。

第 7~8 拍：绷全脚（图 9-2-3）。

（2）第二至四个 8 拍：动作同第一个 8 拍。

图 9-2-2

图 9-2-3

## 二、膝部训练

### 1. 准备姿态

平躺地面，两腿并拢，绷脚伸直，两手扶地（图 9-2-4）。

图 9-2-4

127

## 2. 动作过程

（1）第一个 8 拍。

第 1~4 拍：右腿绷脚前吸腿（图 9-2-5）。

第 5~8 拍：向上抬腿 90°（图 9-2-6）。

图 9-2-5　　　　　　　　　　图 9-2-6

（2）第二个 8 拍。

第 1~4 拍：收前吸腿。

第 5~8 拍：伸直腿落地。

（3）第三至四个 8 拍：动作同第一至二个 8 拍，对称做。

（4）第五至八个 8 拍：旁腿侧卧，动作、节奏同前。

## 三、踢腿训练

### （一）踢前腿

#### 1. 准备姿态

平躺，双腿绷脚并拢，双手伸直平放在身体两侧。

#### 2. 动作过程

（1）第一个 8 拍。

第 1~2 拍：上身不动，左腿快速向上踢起。

第 3~4 拍：有控制地收回。

第 5~8 拍：动作同第 1~4 拍，方向相反。

（2）第二至四个 8 拍：动作同第一个 8 拍，反复三遍。

### （二）踢旁腿

#### 1. 准备姿态

右侧卧，右手向上伸直，左手置于肩旁，手心向下（图 9-2-7）。

图 9-2-7

### 2. 动作过程

（1）第一个 8 拍。

第 1~2 拍：左腿快速向上踢起（图 9-2-8）。

图 9-2-8

第 3~4 拍：有控制地收回。

第 5~8 拍：动作同第 1~4 拍。

（2）第二个 8 拍：动作同第一个 8 拍。

（3）第三至四个 8 拍：动作同第一至二个 8 拍，方向相反。

## （三）踢后腿

### 1. 准备姿态

双膝跪地，双手撑地（图 9-2-9）。

### 2. 动作过程

（1）第一个 8 拍。

第 1~2 拍：快速踢右后腿，上身保持姿态（图 9-2-10）。

图 9-2-9　　　　　　　图 9-2-10

第 3~4 拍：有控制地收回。

第 5~8 拍：动作同第 1~4 拍。

（2）第二个 8 拍：动作同第一个 8 拍。

（3）第三至四个 8 拍：动作同第一至二个 8 拍，方向相反。

### （四）腹部训练

#### 1. 准备姿态

仰卧，双手抬至头上。

#### 2. 动作过程

（1）第一个 8 拍。

第 1~2 拍：起上身。

第 3~4 拍：下前腰。

第 5~6 拍：起直上身。

第 7~8 拍：落上身还原。

（2）第二至四个 8 拍：反复三次第一个 8 拍动作。

### （五）背部训练

#### 1. 准备姿态

俯卧，双手向前伸直（图 9-2-11）。

图 9-2-11

#### 2. 动作过程

（1）第一个 8 拍。

第 1~2 拍：起背肌的同时抬双臂双腿（图 9-2-12）。

第 3~4 拍：落双臂双腿还原。

第 5~8 拍：反复第 1~4 拍动作。

（2）第二至四个 8 拍：反复三次第一个 8 拍动作。

图 9-2-12

## 任务三　扶把基本动作训练

### 一、肩部训练

#### 1. 准备姿态
正步面对把杆，上体前倾，两臂伸直，手腕搭在把杆上。

#### 2. 动作过程
（1）第一个8拍。

第1~2拍：第1拍双肩下压有力，肩关节充分拉伸，第2拍双肩复原。

第3~8拍：动作同第1~2拍，反复三次。

（2）第二个8拍：动作同第一个8拍。

（3）第三个8拍。

第1~2拍：起身站直，两肩后甩，肩关节得以充分展开。

第3~4拍：两臂有控制地搭在把杆上。

第5~8拍：反复第1~4拍动作。

（4）第四个8拍：动作同第一个8拍。

### 二、站位训练

#### 1. 准备姿态
双手扶把面向把杆，脚站一位（图9-3-1）。

#### 2. 动作要求
两腿夹紧，收腹立腰。

#### 3. 动作过程
（1）第一至二个8拍：脚一位站。

（2）第三至四个8拍：脚二位站（图9-3-2）。

（3）第五至六个8拍：前五位站（图9-3-3）。

（4）第七至八个8拍：后五位站。

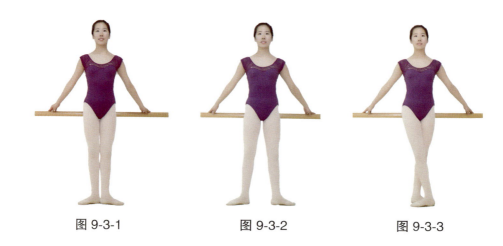

图 9-3-1　　　　　　　图 9-3-2　　　　　　　图 9-3-3

## 三、手的位置

### （一）手的形状

五指放松，拇指向中指靠拢，肩、手臂、手成一延长的没有棱角的弧线（图 9-3-4）。

### （二）手的位置

#### 1. 动作过程

（1）一位：保持基本手臂形状，双手下垂于髋前，稍离开身体，手心向里，两手之间相距约 10 厘米（图 9-3-5）。

（2）二位：保持一位手的形状，抬至身体前，手心向里（图 9-3-6）。

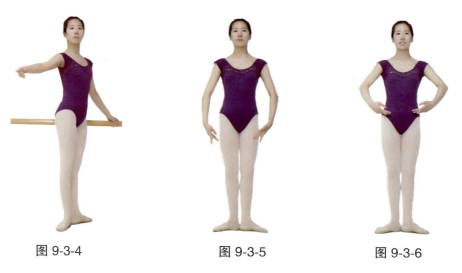

图 9-3-4　　　　　　　图 9-3-5　　　　　　　图 9-3-6

（3）三位：保持二位手的形状，抬至头前上方（图 9-3-7）。

（4）四位：一手二位，另一手三位（图 9-3-8）。

（5）五位：一手三位，另一手平抬于肩旁（图 9-3-9）。

图 9-3-7　　　　　　图 9-3-8　　　　　　图 9-3-9

（6）六位：一手二位，另一手平抬于肩旁（图 9-3-10）。

（7）七位：双手平抬于两肩旁，上臂低于肩，肘和小臂低于上臂，手心向斜前方，两臂成一延长的大弧形（图 9-3-11）。

图 9-3-10　　　　　　　　图 9-3-11

2. 动作要求

（1）注意每个位置的准确性，并在最初的练习中加上头和眼睛的配合。

（2）注意两肩下沉，特别是三位动作要防止耸肩。

## 四、擦地绷脚

### 1. 准备姿态
双手扶把面向把杆，脚站一位。

### 2. 动作要求
（1）主力腿保持重心直立，动力腿尽量向远伸，拉长腿部肌肉。
（2）动力腿脚尖自始至终不离开地面。

### 3. 动作过程
（1）第一个8拍。

第1~4拍：右脚向前绷脚擦出，脚尖与左脚跟成一直线。

第5~8拍：收回原位。

（2）第二至四个8拍：动作同第一个8拍，反复三次。

### 4. 训练步骤
向旁擦地、向后擦地同前，再对称做。

## 五、蹲

### 1. 准备姿态
双手扶把，保持站立姿态中上体的要求，脚站一位。

### 2. 动作要求
动作连贯，舒缓，不能停顿或有跳跃感。半蹲时，不能起踵；全蹲时，不可坐在脚跟上；二位蹲时，始终全脚掌着地。

### 3. 动作过程
（1）第一个8拍。

第1~2拍：匀速下蹲半蹲（图9-3-12）。

第3~4拍：匀速起立，还原动作。

第5~8拍：重复第1~4拍动作。

（2）第二个8拍。

第1~4拍：全蹲（图9-3-13）。

第5~8拍：起立，最后两拍右脚向旁擦地成二位。

项目九　形体基础训练内容

图 9-3-12

图 9-3-13

（3）第三至四个8拍：做二位半蹲和全蹲，动作节拍同第一至二个8拍，最后两拍右脚收成前五位。

（4）第五至六个8拍：做前五位半蹲和全蹲，最后两拍右脚擦地收至后五位。

（5）第七至八个8拍：做后五位半蹲和全蹲，最后两拍右脚擦地至还原一位。

## 六、小踢腿

### 1. 准备姿态

脚站五位，双手扶把。

### 2. 动作要求

小踢腿要急速有力，停顿在离地面25°的位置上。身体不能随踢腿而晃动。动作要干脆、轻巧、有力。

### 3. 动作过程

（1）第一个8拍。

第1~4拍：动力腿迅速向前踢起，保持姿态不动（图9-3-14）。

第5~6拍：动力腿落点地。

第7~8拍：收回。

（2）第二至四个8拍：动作同第一个8拍，反复三次。

图 9-3-14

### 4. 训练步骤

训练旁、后小踢腿向前，再对称做（图9-3-15和图9-3-16）。

图 9-3-15　　　　　　　　图 9-3-16

## 七、腰

### （一）胸腰

**1. 准备姿态**

小八字步，半脚尖，一手扶把，另一手山膀位，眼看正前方，收腹收臀，从肩开始向后下胸腰，手心向上（图 9-3-17）。

**2. 动作要求**

下胸腰时两腿、臀、腹肌要收紧，两肩要正，胸椎往上顶。

### （二）单脚重心前、后腰练习

**1. 准备姿态**

小八字步，一手扶把，另一手托掌。动力腿绷脚向前擦出，主力腿半蹲，身体向前弯腰，手翻腕成手心向里（图 9-3-18）。然后主力腿伸直，动力腿绷脚点地，上身直立，手翻腕成托掌，向后弯腰（图 9-3-19）。

图 9-3-17

**2. 动作要求**

重心在主力腿上，动力腿绷紧伸直。下腰时呼吸要自然，不能憋气，起身时要收腹挑腰。

图 9-3-18 　　　　　　　　图 9-3-19

## （三）拧腰

### 1. 准备姿态

小踏步，一手扶把，另一手托掌。胯不动，上身尽量往侧后方拧动，下旁腰。旁提，收臀（图9-3-20）。

### 2. 训练步骤

先做小踏步拧腰，再做大踏步拧腰（图9-3-21），还可选用前吸腿拧腰（图9-3-22）和斜探海（图9-3-23）、射燕舞姿拧腰练习（图9-3-24）。

### 3. 动作要求

舞姿要柔和、舒展。

图9-3-20

图9-3-21　　　　　图9-3-22　　　　　图9-3-23　　　　　图9-3-24

## （四）姿态斜腰

### 1. 准备姿态

丁字步，单手扶把。

### 2. 训练步骤

动力腿绷脚前点地，主力腿半蹲，上身向后平躺，收腹，并向外拧，动作手于斜上方做剑指，手、上身和动力腿要成一斜线拧腰呈斜腰舞姿（图9-3-25）。

### 3. 动作要求

拧腰时要收腹，提胯，挺胸，不能塌腰或扣胸。

图9-3-25

## 八、吸腿

### 1. 准备姿态

（1）前吸腿：小八字步，一手扶把，另一手七位。动力腿膝盖往上提，绷脚背贴近主力腿（图9-3-26）。

（2）旁吸腿：丁字步，一手扶把，另一手七位。动作同前吸腿，动力腿膝盖向正旁（图9-3-27）。

图 9-3-26　　　　　　　　　图 9-3-27

（3）后吸腿：小八字步，一手扶把，另一手七位，动力腿屈膝小腿绷脚向后，大腿和主力腿并拢（图9-3-28）。

### 2. 动作要求

上身、主力腿必须正直，动力腿小腿要收紧，吸腿过程要快速、敏捷、有力。

## 九、控制

### （一）前腿控制

#### 1. 准备姿态

站小八字步或五位，一手扶把，另一手做山膀或七位。

#### 2. 训练步骤

动力腿向前擦地绷脚，直抬起，或经前吸腿伸出，停在90°或更高的位置，然后落点地收回，或经前吸腿收回。

图 9-3-28

## （二）旁腿控制

### 1. 准备姿态

站丁字步或五位，一手扶把，另一手做山膀或七位。

### 2. 训练步骤

动力腿脚尖向旁擦地绷脚，直抬起，或经旁吸腿伸出，停在 90° 或更高的位置，然后落点地收回，或经旁吸腿收回。

## （三）后腿控制

### 1. 准备姿态

站小八字或五位，一手扶把，另一手做山膀或七位。

### 2. 训练步骤

动力腿向正后方擦地绷脚，直抬起，或经后吸腿伸出，然后落下收回或经后吸腿收回。

## （四）射燕

### 1. 准备姿态

左手扶把，站丁字步。右脚后吸腿，大腿往上抬，左腿半蹲，双腿相靠。上身转向把杆，向右侧倾斜 45°，右手托掌。

### 2. 训练步骤

先做单一练习，然后可和前、旁、后等主要舞姿组合练习。如：后腿不动，将身转向把杆，变射燕。

## （五）斜探海

### 1. 准备姿态

站右踏步，左手扶把。右腿后吸腿，上身转向把杆，并向左侧下旁腰，右手托掌。

### 2. 动作过程

（1）第一个 8 拍。

第 1~2 拍：绷脚擦地（或吸腿）。

第 3~4 拍：保持原姿态。

第 5~8 拍：抬腿。

（2）第二个 8 拍。

第 1~4 拍：控制。

第 5~6 拍：直落地或收回吸腿。

第 7~8 拍：回到准备位。

### 3. 动作要求

（1）抬腿控制用脚背或脚跟的力量，动力腿收紧、伸长，不能呈松弛状态，两腿与后背保持正直。

（2）动力腿要立胯，主力腿要正直。

（3）射燕与斜探海舞姿不能塌腰、撅臀，腿和上身要向上伸展。

## 十、压腿

### 1. 准备姿态

面向把杆，将动力腿放在把杆上，一手扶把，另一手在三位。

### 2. 动作要求

双腿保持直立，上身要正向腿的方向压，使上身尽量贴近腿。

### 3. 动作过程

第1~4拍：压腿。

第5~8拍：上身直立（图9-3-29）。

### 4. 训练步骤

做前、旁、后的压腿，再对称做（图9-3-30和图9-3-31）。

图9-3-29　　　　　　　图9-3-30　　　　　　　图9-3-31

## 十一、大踢腿

### 1. 准备姿态

小八字站好，一位手。

### 2. 动作要求

收腹、立腰、上身不能晃动。踢起时要快而有力，落地要轻而有控制。

### 3. 动作过程

第 1~2 拍：向前上左脚，踢右腿。

第 3~4 拍：点地。

第 5~8 拍：动作同第 1~4 拍，对称做。

### 4. 训练步骤

先练双手扶把踢后腿，再练把下踢前腿和旁腿。

# 参考文献

[1] 贺璋瑢，王海云.中华传统礼仪[M].北京：中国人民大学出版社，2016.

[2] 李秀兰.社交礼仪跟我学[M].呼和浩特：内蒙古人民出版社，2003.

[3] 王冬琨，姚卫.酒店服务礼仪[M].北京：清华大学出版社，2015.

[4] 吕艳芝，纪亚飞，单侠，等.银行服务礼仪标准培训[M].北京：中国纺织出版社，2013.

[5] 彭林.中华传统礼仪概要[M].北京：高等教育出版社，2006.

[6] 杨富荣.服务礼仪[M].北京：高等教育出版社，2009.

[7] 张岩松，邹春霞，马丽萍.现代服务礼仪[M].北京：清华大学出版社，北京交通大学出版社，2010.

[8] 冯宝琴，张运玲.礼仪规范教程[M].北京：国家行政学院出版社，2006.

[9] 周何.礼记儒家的理想国[M].北京：九州出版社，2017.